金融工学20年 ——20世紀エンジニアの冒険——

目次

機関を相手にセールスしてまわったが、まったく売れなかった。わが国では、まだ機が熟していなかったのが原因である。こんなわけで、時代に先駆けた祷氏のプロジェクトは、あえなく挫折してしまった。

その一方で私は、1985年夏にMIT（マサチューセッツ工科大学）で開催される「国際数理計画法シンポジウム」に招待されたのを機会に、このモデルについて報告することを思い立った。当初マル秘扱いになっていたこのモデルは、ソフトウェアが売れなかったため機密性は薄れていた。かくして、外国で数学の専門家たちを相手に発表するなら、同業他社に聞かれることもあるまいという安心感も手伝って、研究発表にゴーサインが出た。

このシンポジウムは、3年に1回世界各国から約千人の研究者が集まり、1週間にわたって研究発表と討議を行う由緒正しい研究集会である。私にとっては、問題を解く方法だけが関心事だったが、人前で発表するとなると、債券ディーリングの仕組みについても、基本的事項は勉強しておかなくてはならない。こうして手に取ったのが、ホーマー＝リーボビッツのテキスト『*Inside the Yield Book*』である。

この書は、債券の基本知識を手際良く解説したものであるが、私にとってこれはかなり退屈な本だった。したがって私は、万が一にも長期にわたってこの種の研究を続けることになるとは思わなかった。そのうえ、ひとまず問題が解けたとはいっても、日本ではほとんど誰の関心も引かなかったのだ。

ところが、金融先進国の米国は日本の何歩も先を行っていた。会場に集まった約30人の聴衆の半分は、金融機関に勤務する債券取引の専門家だった。そして、発表を終えた後、何人もの実務家から、レポートができたら送ってもらえないかと頼まれたのである。

祷氏と連名で書いた論文は、１９８６年はじめに完成したが、祷氏の上司は学会誌への投稿を認めてくれなかった。１００万円をもらった負い目もあって、強いことを言えないままずるずると１年がすぎていった。ところが、うまい具合に1年後に局長が入れ代わった。そしてそのドサクサにまぎれて新上司の了解を得て、日本オペレーションズ・リサーチ（ＯＲ）学会の論文誌に投稿した。

この論文は、投稿から約2年後の１９８９年に公刊され、多くの人に引用された。またこのモデルは、論文が印刷される少し前に、米国ノースカロフイナ州の銀行で使用され、かなり良い成績を収めたという。祷氏のアイディアは日本では無視されたが、米国では役に立ったのである。

このことを知った私は、いずれこの問題を厳密に解く方法を考案しなくてはならないと考えた。その努力が実ったのは2年後の１９９１年、そしてこれが日本の大手Ｓ銀行で債券取引の実務に使われたのは95年のことである。

このときＳ銀行は、記者会見を開いて大々的な宣伝活動を行い、新聞はこれを「Ｓ銀行と東京工業大学の画期的産学共同プロジェクト」として取りあげてくれた。学内では、「東工大と銀行」というミスマッチが評判になるとともに、業界すずめの間では、われわれが1億円単位の報酬を受け取ったはずだという噂がかけめぐった。大銀行がこれだけ宣伝するからには、そのくらいのお金を出しても不思議はないというわけである。

しかし、東京工業大学が受け取った研究費は200万円にすぎなかった。S銀行は、大学院生が作ったソフトウェアを使ってX億円の債券運用利益をあげ、その中からささやかな研究費を寄付してくれたというわけである。もし世間の予想が正しければ、S銀行がこの共同プロジェクトから得た投資収益率は、1万%を超えたことになる。

大学に対する200万円ポッキリの研究費が、個人の懐に1億円と噂されたことで、エンジニアのハートはギザギザ模様となった。

債券価格が高くなると、債券を保有している人は、この債券を売却して利益を確定したいと思うかもしれない。また将来金利が低下すると予想されるときは、高くなるはずの債券をいまのうちに安い値段で買いたいと考えるかもしれない。このような市場における債券価格の変化に応じて証券を売買する取引が、債券ディーリングである。

この種の取引は、かつては証券会社の独占ビジネスであったが、1984 年以降銀行もこの取引を行えるようになった。債券売買によってポートフォリオを組み換え、最適ポートフォリオを構築するための祷モデルは、債券ディーリング全盛時代に先駆けたものであった。

債券価格に影響を与えるのは、まず第 1 に市場金利である。このため 1980 年代以降、金利変動に関わる確率モデルを利用した金利リスクの研究が大流行した。

第 2 は債券発行体が債務不履行に陥る可能性、すなわち信用リスクである。この種のリスクの分析には、格付けや様々な数理モデルが用いられている。信用リスクは、発行体の個別的条件が影響を与えるため、その計量は市場リスクに比べて格段に難しいとされている。

しかしここ数年の計算パワーの向上が継続すれば、10 年後には現在 1 年かかるような計算が 1 分で終わる時代がやってくるかもしれない。

Column #01

債券価格と債券ディーリング

債券とは、国や企業が金融市場から資金を集める際に発行する証券のことをいう。この証券には、額面（元本）、満期（資金の償還日）、クーポン・レート（利息）などが決められていて、これを購入した投資家は、一定期間ごとにクーポンを受け取り、満期日に元本の償還を受ける。

債券の中で、確実にクーポンと元本の支払いが行われるもの（その代表例は国債）を、無リスク債券という。無リスク債券の価格は、そこからも得られるキャッシュ・フロー（クーポンと元本）を市場金利で割り引いた現在価値と等しくなる。たとえば額面100円、クーポン・レートが年3%、2年満期の無リスク債券の価格は、市場金利水準が年3%のときには

$$P=\frac{3}{1+0.03}+\frac{103}{(1+0.03)^2}=100\text{円}$$

となる。ここで、金利が3%から4%に上昇すると、上式の分母がそれぞれ1.04、$(1.04)^2$となるので債券価格は下落する。

金利が政府によって管理されていた時代には、債券価格はほとんど変化しなかった。したがって投資家は、債券を将来確実なキャッシュ・フローを手に入れるための手段と考え、満期まで買い持ちするのが普通だった。このため1980年代に入るまで債券の研究はまことに退屈なものだった。

しかし金利が自由化されると、市場に供給される資金が不足気味になれば金利は上昇し、過剰になれば低下する。この結果、債券価格も変化する。そして価格変動は、満期までの時間が長い債券ほど大きくなる。

2▼ファイナンスはORそのものだ

1985年春、日本オペレーションズ・リサーチ（OR）学会あてに、スイスOR学会の「銀行業務のOR」研究会の責任者から手紙が届いた。銀行業務に関わる様々な問題を、OR手法を使って分析する研究会を組織したので、日本でもこのようなグループを作っていっしょに研究しないか、という誘いだった。時あたかも日本の銀行グループが、国際的プレゼンスを高めつつあった時代である。

当時、研究普及理事をつとめていた私は、OR学会メンバーの中で〝お金の研究〟に関心のありそうな人を探し出し、相談を持ちかけたが、残念なことにこの仕事を引き受けてくれる人は見つからなかった。「銀行業務のOR。それっていったい何ですか？」「いまやっている仕事を投げ出して、そんなアブナイ分野に首をつっこむ必然性はありません」といった具合である。

もっと多くの人と接触して本気で説得していれば、一人くらいは口説き落とすことができたかもしれない。しかし、自分でも内容が良く分からない話のことゆえに、あまり強いことは言えない。そこで、適当なところで話を切りあげ、「日本ではまだ機が熟していないので、当面は見合わせることになった」という趣旨の手紙を書き、一件落着となった。もしここで誰かが手を挙げていたら、これが日本の金融工学の出発点になっていただろう。

ところがこの後間もなく、スタンフォード大学のOR学科に留学していたときに知り合った2人の友人が、ファイナンス分野でめざましい成果をあげているという話が伝わってきた。マイケル・ハリソンとスタンリー・プリスカである。

OR学科2年先輩にあたるマイク・ハリソンは、この学科が育てた歴代三傑に入る大秀才で、1970年に待ち行列の領域ですぐれた博士論文を書き、ただちにスタンフォード・ビジネス・スクールの助教授という最高のポストを手にした。留学から帰ってからも、クリスマス・カードのやり取りは続けていたが、研究分野が違ったため、その後、この人が何をやっているのか知らぬままに10年以上が経過していた。

ところがこのハリソンが、同学科の後輩であるデビッド・クレプスやスタンリー・プリスカとともに、ファイナンスにおける画期的業績「無裁定原理に基づくデリバティブの価格付け理論」を打ち立て、いずれノーベル経済学賞を受賞するのではないかというのである。

クレプスは、ハリソンと並び称される三傑の一人である。私が帰国してから2年後にスタンフォード大学に留学した金子郁容氏（慶應義塾大学）は、「こんなすごい男は後にも先にも見たことがない」という言葉を繰り返していた。

話はやや横道にそれるが、同期生にスーパースターがいるのは辛いものである。私はスーパースターが、同級生たちを灼きつくしたケースをいくつも知っている。幸いなことに、ハリソンは2年先輩だったからやる気をなくさずにすんだが、金子氏が後年ORの世界から足を洗ったのは、秀才クレプスが同級生だったせいかもしれない。

さてもう一人のプリスカは、私の同級生である。ＭＩＴ（マサチューセッツ工科大学）の航空学科からやってきたこの人は、10人のクラスメートの中ではあまり目立たない存在だった。しかし大学卒業後は名門ノース・ウェスタン大学の助教授に招かれ、その数年後にハリソンと協力して大定理を証明した。

ハリソン、クレプス、プリスカの活躍を耳にして驚きはしたものの、私はまだ自分とファイナンス理論を結び付けるにはいたらなかった。彼らの専門分野は、私が苦手な確率モデルだったからである。

しかしこの後間もなく、7年後輩にあたるアンドレ・ペロルドの活躍が伝わってきた。ジョージ・ダンツィク教授の兄弟子として、私は彼の博士論文の内容を知っていた。工学的に見てすぐに役に立つものとは思えなかったが、数学的にはとてもレベルの高い内容だった。スタンフォード大学卒業後は、IBM社ワトソン研究所に招かれたというから、これまた相当な秀才にちがいない。ところがこのペロルドが、いまではハーバード・ビジネス・スクールのファイナンス教授として、この分野の重鎮に納まっているという。

ここにいたって私は、ファイナンス理論とはいったい何なのかを調べてみる気になった。そして1987年秋、丸善の洋書売場で、私のその後に決定的な影響を与えた「運命の教科書」に出会ったのである。

このとき私は、ファイナンスの標準テキストを買おうと思って丸善に出かけた。するとビジネス書コーナーに入ってすぐ目に入ったのが、平積みされたエルトン＝グルーバーの『モダン・ポートフォリオ理論と投資分析（*Modern Portfolio Theory and Investment Analysis*）』のペーパーバック版である。

ニューヨーク大学スターン・ビジネス・スクールの2人の〝野村プロフェッサー〟（野村證券の寄付基金によって運営されている講座の教授）たちが書いたテキストであるが、3回も版を重ねていることと、日本円にして4000円という手頃な値段だったというだけの理由で、私は同書を買い求めた。

家に帰ってページをめくりながら、これは意外に面白いと感じた私は、いまだかつてなかったようなスピードでこの本を読み進めた。そして学生時代から知っていたマーコビッツの平均・分散モデル（MVモデル）からはじまって、CAPM（資本資産価格付け理論）の美しさに感動した勢いで、700ページ以上もあるこの本のほとんどを、わずか2～3週間で読み終えてしまった。

ここで分かったことは、ファイナンスにおいては、私の専門であるオペレーションズ・リサーチ（OR）の分野で開発されたあらゆる道具（ツール）が使われていること、もっとはっきり言えば、〝ファイナンスはORそのものだ〟という事実だった。

その昔、森口繁一東京大学教授は、新しい研究分野が出現すると、1カ月でその内容をマスターして、たちまちその分野の専門家になると言われていた。当時の私は、森口先生のような天才でなければ、そんなことはできるはずがないと思っていた。

しかしこのとき以来私は、森口先生は（丸善から）最新の教科書を取り寄せて、異常な集中力でこれを読破していたのではないか、と考えるようになった。一定以上の基礎学力さえあれば、良い教科書を読むことによって、1カ月で必要な知識を身に付けることができるのである。

新しい分野であれば専門家は少ない。したがって、あとは才能と努力次第で何とかなる。私ですら可能なのだから、東大工学部30年来の秀才と謳われた森口先生であれば、訳もないことだったはずである。

1995年に出版した拙著『カーマーカー特許とソフトウェア』の中で、私はM教授の〝1カ月で専門家〟の逸話を紹介した。このときはたんなる推測であったが、これは事実だった。いただいた礼状の中に、次のようなくだりがあったのである。

「本の中に出てきたM教授というのは、私のことでしょうか。もしそうだとすれば、〝1カ月で専門家〟の件については、思いあたるふしがないではありません。しかし、私の先生であるハロルド・ホテリング教授は常日頃、『教科書が出るのを待っていたら乗り遅れてしまうことがあるので、それがつねにうまくゆくわけではありません』と言っていました。私もそのとおりだと考えています」

森口教授は、米国留学時代に指導を受けた大統計学者ホテリング教授の、〝1カ月で専門家〟のノウハウを盗み出していたのである。できることなら、もっと若いころにこの秘密を知っていれば良かったと思う一方で、若い時代の私には先立つもの、すなわち〝一定以上の基礎学力〟が欠けていたことを思えば、これはこれでしかたがなかったのだろう。

しかしここで、教科書の選定を誤ると酷い目にあう、ということも付け加えておこう。私はこのあと、経済学者の間で定評のあるファイナンスの教科書を何冊か手にしたが、いつもすぐに眠くなってしまった。丁寧に基礎から書いてある経済学の教科書は、微に入り細に入りややこしい結果を並べたてることが多いのである。

このような書籍を読み終えるには、年単位の時間がかかってしまう。若いころはこういう本で根気を養うことも必要だろう。しかし一定の基礎知識を持つ人が、その分野の概要を知るうえで最もふさわしくないのが、この類いの教科書である。もし丸善でエルトン＝グルーバーでなく、経済学者の間で定番とされるインガソルの教科書を手に取っていたら、私はこの分野に深入りすることにはならなかったかもしれない。

3▼バブル前夜の研究会発足

このころ、日本の証券市場の盛況と、諸外国でのファイナンス研究の隆盛に呼応して、日本オペレーションズ・リサーチ（OR）学会の中でこの分野の研究部会を設立すべきだというムードが高まってきた。そしてこのときにOR学会の理事をつとめていた私に、再び研究会を組織するための作業が回ってきたのである。

前回の専門家とのやり取りからすれば、この仕事を引き受けてくれる研究者を見つけるのは容易ではない。もともとOR学会の関東地区には、この分野の研究者はほとんどいなかったし、すでに別の分野で実績のある研究者には、〝お金の研究〟というリスクが大きい分野に乗り出すインセンティブがなかったからである。

そこで私は、自分がこの役回りを引き受けることにした。これは大変なギャンブルだった。たいした実績がない男がここで失敗すれば、一挙にすべてを失う可能性があったからである。しかし私は、このときもう1つの大ギャンブルに手を染めていたから、毒を食らわば皿までという心境で、このプロジェクトにコミットしたのである。

研究部会を開設するには、30人のメンバーを集める必要があった。そこで私は、知人の中から名義を貸してくれそうな人のすべてに声をかけた。また日本経済新聞社の祷道守氏を通じて、実務家たちにも声をかけてもらった。この結果、銀行・証券・保険業から50人以上の賛同者を得ることができた。金融ビジネスに参入した理工系人材の情報交換の場は、まだどこにもなかったからだろう。

しかし私は、これらのメンバーの中に、従来の意味でのファイナンス、すなわち「金融経済学」の専門家がほとんどいないことに不安を感じた。すでに米国では、ファイナンス分野を取り仕切ってきた金融経済学とは別に、工学的な立場からのアプローチを「Financial Engineering」と呼び、多くの優秀な人材がこの分野に参入していた。これに比べると、実績のないわが国のエンジニアは、たちまち経済学者集団に蹴散らされてしまう懸念があった。

そこでこのリスクをヘッジするため、何人かの経済学者に協力を求めることにした。そのうちの一人、大学では8年後輩にあたるK氏は、スタンフォード大学のビジネス・スクールでPh.D.を取り、約1年間ハーバード大学の助教授をつとめたあと、東京大学経済学部助教授に迎えられ、ハリソン＝クレプス＝プリスカ理論を日本に紹介した若手のホープである。

そこで私は、同年に刊行したばかりの教科書『線形計画法』を手土産にK氏の研究室を訪れ、研究会への協力を依頼した。すると、意外にもあっさりK氏はこの依頼を受け入れてくれた。二重の先輩の頼みなので断わりにくかったのと、かつて付き合いのあったＯＲコミュニティとの関係を回復するのも悪くない、と判断したためだろう。

こうして「投資と金融のＯＲ」研究部会は、１９８８年4月30日に40名の参加者の下に産声をあげることになった。予想を上回る盛会を祝って、杯を交わした研究会であったが、その後にこの研究会がたどることになる波瀾万丈の軌跡を予想することはできなかった。日本中をバブルが覆いつくす前夜のことである。

「投資と金融のＯＲ」研究部会は、東京証券市場の活況に支えられて急発展した。月１回東京工業大学で開催された研究会には、毎回60人、多いときは１００人を超えるエンジニアが詰めかけた。梅雨の合間に、定員１００人の会場に１２０人を詰め込み、カーテンを閉めてプロジェクターを使うと、立派な温室ができあがる。１人あたり６００ワットの熱を発熱しているにもかかわらず、６月中はエアコンを入れないという〝鉄則〟があるからである。まさに熱気ムンムンの研究会であった。

セミナー業者が、経済学者や評論家を招いて開催する研修会の参加費は、１日あたり10万円があたり前の時代だったから、資料代５００円を支払えば誰でもウェルカムというこの研究会は、価格破壊としても評判になった。しかし１人あたり５００円では、60人集まっても3万円にしかならない。ここから会場費、資料代、通信費、学生のアルバイト代などを差し引くと、完全な赤字だった。

研究会の運営にあたって最も苦労したのは、講演者探しである。金融ビジネスはどこも徹底した秘密主義で、なかなか情報を外に出そうとしない。たとえば、証券業界大手の研究者は、われわれの講演依頼に対して、「3年くらい前の話ならやれないこともない」と反応した。いかにも、レベルの低い学会ならこの程度の話でいいだろう、といった調子である。しかしエンジニア基準では、3年前の昔話など聞かせてもらっても仕方がない。

また拝み倒して参加していただいた経済学者たちは、実務的研究重視を謳う研究会の運営方針に馴染めなかったせいか、2、3回で姿を見せなくなった。こうして私は、数少ない大らかな金融機関のエンジニアと、新規参入した大学のエンジニアを頼るしかなくなった。

毎月1回あたり2人の講演者ということは、1年に換算すると24人である。そこで私は自分自身に年2回、そして1989年から私のグループに助手として加わった同僚の白川浩氏にも年2回のノルマを割り当てた。これに若手の大学関係者と、企業側でも上司をものともしない猛者《もさ》たちに年1回、さらにその関係者で残りを埋めた。

綱渡りの運営だったが、2年目に入るころには実務家間での評価が高まり、毎回100人近い参加者であふれることになった。資料代500円を支払えば誰でも参加可能、というやり方が功を奏した結果である。しかし、毎回執拗に日本OR学会への加入を要請したにもかかわらず、これに応じてくれた人は3年間を通して10人にも満たなかった。合理的金融マンにとって、1万円を超える年会費は、投資収益から見て割が合わなかったのだろうか。

を扱う「待ち行列理論」や工場における「在庫管理理論」などがその代表例であるが、ここで用いられるブラウン運動などの理論は、金融資産の価格変動にも応用可能なものであった。

OR学科で待ち行列理論を研究していたマイケル・ハリソンと、在庫理論を研究していたスタンリー・プリスカは、確率モデルと数理計画法を組み合わせることによって、派生証券（デリバティブ）の価値づけ大定理を証明した。

我田引水と言われることを覚悟して言えば、ファイナンス理論で用いられている手法のほとんどは、ORの分野で開発されたものである。たとえば、デリバティブの価格計算に不可欠なモンテカルロ・シミュレーション技術は、ORの世界で生まれたものである。ちなみに、世界最初のシミュレーション言語である「SIMSCRIPT」を開発したのは、経済学者から冷遇され、ORに転進したマーコビッツである。

また1990年代以降発展したリアル・オプションは、長い間ORで研究されてきた決定分析を、オプション理論と組み合わせたものである。

金融工学の研究拠点である日本オペレーションズ・リサーチ学会は、現在約2500人の会員を擁しており、その研究水準は米国に次ぐ世界第2位を確保している。ORに関心のある読者は、OR学会のホームページ http://www.orsj.or.jp をのぞいて頂きたい。

Column #02

オペレーションズ・リサーチ（OR）

オペレーションズ・リサーチは、科学的手法を用いて、個人の意思決定や組織の管理運営に関わる様々な問題を分析する学問のことを言う。

OR は 1950 年代以降急発展した分野で、当時は現在で言う IT のような花形分野だった。しかし計算機の能力が追いつかなかったため、70 年代から 80 年代にかけて、理論の発展に「OR は、役に立たない」という批判を浴びるようになった。

ところが 1990 年代に入って計算機のパワーアップと計算法の劇的進歩により、15 年前には 1 年かかった計算が、今では 1 分以内で終わるようになった。かくして OR は、21 世紀のキーワード「最適化の時代」を実現するエンジンとして、新たな発展段階を迎えている。

OR モデルは、決定論的モデルと確率的モデルに大別することができる。決定論的モデルは、問題に出現するすべてのデータが“確実に”分かっている際に利用されるものである。たとえば、将来の（ほぼ）確実なキャッシュ・フローの分析や、工場における毎日の生産計画問題などがこのケースに相当する。ここでは、線形計画法や非線形計画法、整数計画法など、きわめて精巧かつ大規模問題に対処可能な手法（数理計画法）が利用されている。生産工場のサプライチェーン・マネジメント問題や航空会社の運航スケジューリング問題などの場合、100 万変数単位の問題が日常的に解かれコスト削減に貢献している。

一方確率モデルは、データが確定的でなく、何らかの確率分布にしたがう問題を扱う分野である。たとえば、窓口での混雑現象

4▼1年限定の〝株式評論家〟

1987年の秋、「投資と金融のOR」研究部会設立の準備に取り掛かるしばらく前のころ、立教大学の斎藤精一郎氏から、相談に乗ってもらえないかという電話がかかってきた。中学時代以来の友人で、公私ともに世話になってきた友人の依頼となれば、断るわけにはいかない。

指定された渋谷のホテルに出かけていくと、そこには『週刊新潮』の編集者が同席し、「株」に関する連載記事の執筆を要請された。すでにこの分野に足を踏み入れてはいたが、80万人という読者を持つ週刊誌に、毎週記事を連載するほどの知識も度胸もなかった。当然私は断ったのだが、編集者は一向に引き下がってくれない。

斎藤氏は、すでに経済評論家として押しも押されもしない名声を得ていた。中学時代に「社会科の天才」と呼ばれたこの人は、生まれ持ったカリスマ性に磨きをかけたうえに、学生時代とは打って変わった勤勉さで、すでに数多くの書籍を執筆していた。

また古巣の日本銀行をはじめとし、経済界、政界、官界に幅広いネットワークを持ち、日本を代表するエコノミストとして、ビジネス界やマスコミの世界、また家庭の主婦層からも強力な指示を得ていた。

ここで、1987年という年を振り返ってみよう。85年9月のプラザ合意をきっかけに急騰した円は、86年には200円台を切り、87年1月には150円台をつけていた。一方、86年はじめに7%に近かった金利も、5%すれすれまで下落した。これに原油価格の劇的な低下を組み合わせた、いわゆる「トリプル・メリット」の影響で、日本では株価の急騰がはじまっていた。

1985年にはじめて1万円台にのせた日経平均は、87年はじめには1万8000円を超え、87年9月には2万7000円に届こうとしていた。わずか半年で、株価は50%も上昇したのである。このため、一般市民の間でも株式投資の人気が高まり、新聞や週刊誌が読者の要望にこたえるため、株式欄を設けたり、増ページを図っていた時代であった。

このような状況下で、『週刊新潮』編集部でも、株式コラム新設の企画が持ち上がった。ところが格式の高い『週刊新潮』としては、他誌と一線を画する斬新な企画が必要である。そこで編集部は、従来から頼りにしてきた斎藤氏に相談を持ちかけることとなった。当然のことながら、斎藤氏の情報網には ウォール・ストリートでのロケット・サイエンティストの活躍がキャッチされていた。そこで彼は、これらの新たな展開を織り込んだ連載を提案したのである。

ところが世事万端に通じている斎藤氏にも、1つだけ苦手があった。「数学」である。

そこで思い付いたのが、数理に強い私を抱き込むことだったというわけである。何かの機会に斎藤氏に、私が債券ディーリング・モデルに取り組んでいるという話をしたことがあったのかもしれない。

もう逃げられないと思う一方で、堅気の友人や先輩たちの顔を思い出して、やはり私は裏方として協力したほうが良いのではないかと躊躇した。しかしその一方で、どうせやるならきっちり名前を出したほうが悔いは残らないだろう、とも考えたのである。

結局エンジニアの堅固な理性は、編集者と友人である斎藤氏の説得の前に崩れ去った。このとき以来斎藤氏は、私を慎重の5乗から3乗に変更してくれた（斎藤氏は知らないことだが、中学に入る前の私は慎重のマイナス2乗、すなわち大胆の2乗だったのだ）。

連載は1988年新年号からはじまった。電車の中吊り広告には、「大学教授の株ゲーム」のタイトルが踊っていた。

当初の予定では、私が主として数理的分析を中心とした記事を書き、斎藤氏はエコノミストの立場からの記事を書くことになっていた。そこで私は、チャート分析（ダウ、エリオット、グランビル）からはじまって、マーコビッツの平均・分散モデル、CAPM、オプション、債券投資などについて、具体的データを使って解説する計画を立てた。

しかし、400字原稿用紙8枚分の原稿を3本分ほど書き上げたころ、編集部から注文が付いた。「これまでのところ、読者の評判はまずまずですが、できればリアルタイムの取引をベースにした記事を書いていただけませんか。理屈ばかりだと読者に飽きられてしまうので、実際に売った買ったの成績も併せて報告していただけると助かります」というのである。

ところがポートフォリオ理論（資産運用理論）は、10億円単位のまとまった投資を行う人たちのための理論である。したがって、いかにリッチマンの斎藤氏といえども、理論が弾き出した結果をそのまま利用できるわけではない。

しかし、ポートフォリオ理論そのものを、一般読者相手に説明しようとするのは、もともと無理な話だったのである。なぜなら、『週刊新潮』の読者の多くは熟年層に属する人たちだから、数学は忘却の彼方にある。また若い読者層も、そのほとんどは数学大嫌いときている。彼らを相手に使える数理的道具の限界が、「平均値と一次式」、そしてせいぜい折線グラフまでであることを知るまでに、たいして時間はかからなかった。

連載開始数回で、エリオットやグランビルのチャート分析を紹介した後、いよいよポートフォリオ理論に議論を進めようとして、平均・分散モデルを紹介したあたりから、文系出身の担当者の対応がおかしくなりはじめた。平均は分かるが、標準偏差の計算法が良くのみこめないという。

受験戦争がピークに達していた当時、「偏差値」という言葉が各新聞上を飛びかっていたから、誰でも標準偏差くらいは分かってもらえると思ったのだが、そうではなかった。標準偏差が分からないとなれば、正規分布を説明することは絶望的に難しい。

これは、数理担当の私にとって頭の痛い大問題だった。しかも、これよりさらに大きな問題があった。週刊誌の読者は、必ずしも毎週記事を読んでくれるとは限らないし、かりに読んだとしても、2、3週間もすれば忘れてしまうという事実である。したがって、記事はいきおい読み切りスタイル、長くても2、3回で完結させなくてはならない。

そこで私は、当初の方針を大転換して、ポートフォリオ理論のエッセンスを、個別銘柄の「仮空」取引を通じて説明することにした。たとえば、CAPM理論をソニー株の売買に絡めて説明したり、東京電力株の売りにあたってフォン・ノイマンの効用理論を説明するといった具合である。

当初には危ぶんだこの方針は、予想以上の成功を収めることとなった。1年足らずの連載で、ポートフォリオ理論のエッセンスのあらかたを説明できたと思っている。

ちなみに、『週刊新潮』の連載をもとに作られた『大学教授の株ゲーム』は5万部近く売れたが、何と、東京大学における文系学生のための意思決定論の講義の副読本に採用されることになったのである。

週刊誌連載の10カ月間は、戦争のような状態が続いた。毎週末の2日間は、チャート分析や平均・分散モデルの計算などでつぶれた。また予想されたこととはいうものの、堅気のエンジニアからは厳しい批判が飛び出したし、株のクロウトから何も分かっていない学者のお遊びと揶揄されたこともあった。さらに大学の人事課から呼び出され、「公務員が週刊誌に株について連載記事を書くのはいかがなものか」と〝警告〟されたこともある。

しかしわれわれは、好調な市場に支えられて、大きなボロを出すこともなく連載を続けた。この記事が原因でソニー株が急騰したときには、80万部という発行部数を持つ週刊誌の影響力の大きさに身体が震えた。

しかし同年9月に、われわれは年内一杯で連載を中止することを決めたのである。もう十分に目的は果たしたという満足感があったこと、二人ともほかにやらなければならない仕事を抱えていたこと、そしてより重要なことは、1985年以来好調の波に乗り続けてきた市場が、崩壊する兆候を見せはじめていたことがその理由である。

周囲からはもっと連載を続けるよう求められたが、ここでやめたのは正解だった。もし続けていれば、1989年のバブルに浮かれた後、その崩壊とともに、われわれの株式評論家としての名声も崩壊していたにちがいない。

箱根で開かれたある会合からの帰り道の車の中で二人が同時に発した、「もうそろそろ終わりにしようか」という言葉を、私はいまも郷愁をこめて思い出すのである。

こうして私は、株式評論家としては有名になったが、その一方で、ここから放出される強力な毒素によって、エンジニアとしては、大きなハンディキャップを背負うことになってしまった。

5▼MADモデルで参戦

「投資と金融のOR」研究部会を通じて知ったのは、金融業界トップの数社はともかく、ほとんどの企業が金融技術の面で、米国より10年以上後れていること、そして極端な秘密主義であること、またこれらの企業に就職した若いエンジニアたちは、上司の無理解との戦いで消耗しているということだった。

こんなことでは、大学のエンジニアが頑張らない限り、日本の金融ビジネスは米国企業に席巻されてしまう、と私は危機感を募らせた。なぜなら、日本のファイナンス研究を取り仕切っている金融経済学者たちは、金融技術についてはあまり関心がない人たちだったからである。

新しい金融商品の開発や取引には、精度の高い計算が必要とされる。ところが経済学者の多くは、細かい計算はあまりお好きでない。彼らは、こういう〝つまらない〟仕事は誰か別の人がやることだと思っている。「われわれ建築家は基本設計をやって、あとの仕事は大工さんに任せよう」というスタンスを決めこんでいたのである。

ここでスタンフォード大学のデービッド・ルーエンバーガー教授が、10年ほど前に私を相手に慨嘆した言葉を紹介しよう。

「自動車のメカニズムについて、何か分からないことがあったとき、自動車会社のエンジニアは誰に相談するだろうか。もちろん彼は物理学者ではなく、機械工学者のところに行くだろう。では、金融ビジネスに働く人が、金融商品について何か分からないことがあったときはどうだろうか。不思議なことに、彼らはなぜかファイナンシャル・エンジニアのところではなく、(金融)経済学者のところに行って、ケムにまかれて帰ってくるのだ」

経済学者たちは、美しい理論を組み立てるために、世の中に存在する厄介な要因を切り捨てる。この理論を自ら作った人々は、これがフィクションであって、必ずしも現実にはあてはまるとは限らないことを承知している。したがって、これらのパイオニアたちは、概して謙虚な人が多い。

しかし、パイオニアたちが作った理論を勉強して育った経済学者たちは、理論の限界をわきまえているとは限らない。そしてこれらの人たちの中には、理論が現実に合わないと、それは現実のほうが間違っているのだとか、そもそもそんなことを問題にすること自体意味がない、という主張までする人がいるのである。

それでも米国の場合は、要所要所に一流の人物が見張っていて、あまりメチャクチャなことをできないようになっている（と思っていたが、ルーエンバーガー教授によれば、けっしてそうでもないようだ）。

私がファイナンス分野に参入した当時、金融経済学の分野で国際的評価に耐える日本人研究者は数えるほどしかいなかった。その原因の1つは、米国ではファイナンスは経済学のメジャーなテーマであったのに対して、わが国では周辺のマイナー分野として扱われてきたためである。

数学に、(1)「代数」、(2)「幾何」、(3)「解析」という序列があるように、経済学にも厳格な序列がある。そして、商学部や法学部とオーバーラップする部分が多い「金融」の研究は、経済学者の間では低い格付けしか与えられていなかった。

ここで経済学者のカルチャーについて、少々説明しておくことにしよう。

エンジニアたちは少々つまらなくても、人の話は最後まで聞いて、拍手でその労にこたえるのがふつうである。筆者の大学での指導教官だった森口繁一教授を例に引けば、学生の研究発表に対して、「面白い話を聞かせてくれて有難う。これでひとつ賢くなった」という伝統である。エンジニアの卵は、この激励によって自分の努力が報われたことを知り、新たなエネルギーを獲得するのである。子どもを育てるにはまず誉める、と良く言うが、これがあらゆる教育の原点である。

ところが、日本の（金融）経済学者のカルチャーは、これとはかなり違っている。このことをはじめて知ったのは、大学院の統計ゼミのときだった。工学部、経済学部、医学部の相互乗り入れで実施されていたこのゼミで、エンジニアの卵たちは経済学部の先生たちがけっして学生を誉めないということに気づかされた。また先輩たちが、意地の悪い質問で後輩をうろたえさせて楽しんでいる現場に何度か立ち会ったこともある。

その後私は、金融経済学者が主催する研究会でどのようなことが行われているかを聞く機会があった。若手研究者や学生が研究発表を行う際に、「権威」たちが報告の細部をめぐって発表者をやり込めることが多いというのである。

ひどいときには、イントロダクション部分で批判がはじまり、本論に一歩も入らないうちに時間切れになることさえあるという。エンジニアから言わせれば、これは非礼としか言いようがない。他人の話はともかく最後まで聞く。これが講演を依頼した側の最低の礼儀ではないだろうか。

（金融）経済学者の間では、このようなしごきに耐えた者だけが生き残り、自分が受けてきたしごきを繰り返すのだという。このことを知った私は、経済学者との共同研究を先延ばしにして、エンジニアとして性根をすえて金融工学（ファイナンシャル・エンジニアリング）にコミットすることにした。

駆け出しのエンジニアが、ファイナンスの世界で勝負できるテーマは、ただ1つしかなかった。

資産運用理論に急発展中の数理計画法を応用することである。

資産運用理論の出発点は、1952年に発表された、マーコビッツの平均・分散モデル（MVモデル）である。このモデルの本来の目的は、投資家に対してポートフォリオ構築のための具体的な指針を与えることであった。しかし、この目的を実現するのは容易なことではなかった。なぜなら、このモデルをもとに最適なポートフォリオを計算するには、大規模な2次計画問題を解かなくてはならないのだが、当時の計算機の能力では、数十銘柄の問題を解くのがやっという状況だった。これでは実務家の期待にこたえられない。

ところが1960年代はじめに、UCLAの経済学部の学生だったウィリアム・シャープが、ランド・コーポレーションのマーコビッツ博士からもらったヒントをもとに、シングル・ファクター・モデルという簡便法を提案する。また60年代半ばになると、経済学者たちがこのモデルをもとに、平均・分散モデルを解かなくてもすむ巧妙な理論を構築した。そしてこの理論、「CAPM（資本資産価格づけ理論）」に基づく方法、すなわち市場平均ポートフォリオ（たとえばTOPIXや日経225）に投資する「インデックス運用」が、資産運用の世界を制覇するのである。この結果、平均・分散モデルは資産運用の表舞台から消えた。そしてそれとともに、マーコビッツ教授もいったんはこの分野から手を引くのである。

インデックス運用は、いまもなお広く利用されているが、1980年代半ばに1つの転機が訪れた。OR出身のアンドレ・ペロルドが、マーコビッツ教授のアドバイスの下に、マルチ・ファクター・モデルを導入して平均・分散モデルを書き直し、１０００銘柄単位の問題を効率的に解くことに成功したのである。そして、ペロルド自身が作成した（1セット800万円の）ソフトウェア「ＯＰＴＩＭＩＺＥＲ」が、広く世の中に普及した。サミュエルソン風に言えば、〝ＯＰＴＩＭＩＺＥＲはペロルドに富と名声をもたらした〟のである。

１９８０年代後半、金融工学研究の中で陽があたっていたのは、ブラック＝ショールズ理論を出発点とする「デリバティブの価格付け理論」である。この種の研究の場合、わが国が誇る数学者、伊藤清博士が生み出した「確率積分」をマスターしなければ、オリジナルな成果は出せない。したがって、確率モデルが苦手な私が、いまさらこの分野で勝負しても、ハリソン、クレプス、プリスカたちに勝てるはずはなかった。

しかし、同じスタンフォード大学の後輩でも、ペロルドとなれば話は別である。学生時代の彼の研究分野は、私と同じ数理計画法だったからである。もちろんこの人も秀才にはちがいない。しかし、ハリソン、クレプスほどの天才ということでもなさそうだ。

そこで私は彼の〝画期的〟論文を熟読してみた。しかし私には、世間で言われているほど凄いものだとは思えなかった。マルチ・ファクター・モデルは、計量経済分析の世界では日常的に使われているものだし、解法もペロルドの先輩であるジョンシ・パンの方法を採用しただけにすぎない。

これでハーバード・ビジネス・スクールのファイナンス教授になれるのだとすれば、この分野には、数理計画法の新しい流れを応用しようとする人があまりいないのではないだろうか。それならひょっとしてこの私でも……、と思ったのである。

この直観は間違っていなかった。すっかり経済学になってしまったファイナンスの世界で、工学的立場から先端的な数理計画手法を応用しようとする人は、まだほとんどいなかった。当時、米国においても日本と同様、エンジニアがファイナンスに手を出しにくい事情があった。エンジニアの金融アレルギーと、ビジネス・スクールによるファイナンス理論の独占が、理工系研究者の参入を阻んでいた。

ペロルドが作ったソフトウェアを使えば、1000銘柄程度の平均・分散モデルはうまく解けるという。しかし、これで1万銘柄の問題は解けるのだろうか。解けるとしても、相当時間がかかるにちがいない。近い将来、国際分散投資を本格的に行う時代が来ることを考えると、いまから1万銘柄、10万銘柄の問題を解くための方法を準備しておかなくてはならない。

ここで私が思い付いたのが、リスク指標として、標準偏差ではなく「絶対偏差」を採用する、というアイディアだった。平均値のまわりの収益率のバラツキをリスクと考えるのであれば、標準偏差を絶対偏差に置き換えてもよいはずである。数学的に見れば、両者はバラツキを表す尺度としてほとんど等価である。

そのうえ、「平均・絶対偏差モデル」は、標準的手続きを施すことによって、2次計画問題ではなく線形計画問題に書き換えることができるから、平均・分散モデルよりはるかに大きな問題が解けるはずである。事実、線形計画問題であれば、当時すでに10万変数はもとより、100万変数に届く大規模問題が解かれていた。

このことに気づいたのは、1988年末のことである。そこで、この結果を89年はじめに「投資と金融のOR」研究部会で発表したうえで、英文論文にまとめて日本オペレーションズ・リサーチ（OR）学会の論文誌に投稿した。この論文はすんなり受理され90年に公刊された。しかし、残念なことにこの雑誌は、国外にはほとんど出回っていない。しかも、OR学会でファイナンスに関心がある人は、多くて20人程度である。

より多くの人にこの方法を知ってもらうには、発行部数の多い雑誌に掲載してもらうことが必要である。こう考えた私は、修士課程の学生だった山崎博章氏の協力を得て、市場データを用いた大がかりなシミュレーションを行い、OR学会論文の拡張版を、国際的に評価の高い『マネージメント・サイエンス』誌に投稿した。このとき私は、このモデルに平均・絶対偏差モデル(Mean-Absolute Deviation Model)の頭文字を取って「MADモデル」と命名したが、これは正統派のポートフォリオ理論からやや外れたものである、という謙遜の意味をこめたものである。

その後間もなく、山一證券グループがこのモデルを用いて良好な成績を得た、という話が伝わってきた。大規模な問題がスイスイと解けて、そこで得られる答えは、平均・分散モデルを解いて得たものとほとんど同じなのである。そうこうするうちに、株式の収益率が多次元正規分布にしたがう場合には、ＭＡＤモデルはＭＶ（平均・分散）モデルと理論的に等価であることが分かった。

いまにして思えば、もしマーコビッツ教授が１９５０年代に、平均・分散モデルの簡便版として平均・絶対偏差モデルを提案していれば、60年代には実用規模の平均・分散モデルが事実上解けていたはずである。当時は、多くの人が株式収益率は多次元正規分布にしたがうと信じていたから、これはほぼ確実な話である。そしてもしそうであったとすれば、その後の資産運用理論はかなり違った道を進んでいたのではないだろうか。

かる。

マーコビッツが、リスクとして標準偏差を採用したのは、(1)数学的に取り扱いが容易で、(2)一般の人に馴染みがあり、(3)フォン・ノイマンの期待効用最大化原理と相性が良いためである。

平均・分散モデルとは、第j銘柄への投資比率をx_jとしたとき、ポートフォリオ$x=(x_1, x_2, ..., x_n)$の収益率$R(x)$の期待値$E[R(x)]$を一定としたとき$R(x)$の分散$V[R(x)]$を最小化するポートフォリオxを選ぶのが、投資家にとって最も望ましいとするモデルである。このようなポートフォリオを求めるためには、次の最小化問題：

最小化：　$V[R(x)]$

(P)　条　件：　$E[R(x)]=r, \quad x \in X$

を解けばよい。ここでrは与えられた定数、Xは投資可能集合と呼ばれる集合で、最も単純なケースは

$$X=\{x=(x_1, x_2, ..., x_n) \mid x_1+x_2+...+x_n=1,$$
$$x_1 \geq 0, x_2 \geq 0, ..., x_n \geq 0\}$$

で与えられる。分散$V[R(x)]$は$x=(x_1, x_2, ..., x_n)$の2次式となる。したがって、問題(P)はxの2次関数を1次制約式の下で最小化する「2次計画問題」となる。

一方、平均・絶対偏差モデルとは、問題(P)の分散$V[R(x)]$を絶対偏差$W[R(x)]$に入れ替えたモデルである。この問題は、2次計画問題より取り扱いが容易な、「線形計画問題」となる。

Column #03

平均・分散モデルと平均・絶対偏差モデル

確率変数Xが、平均値のまわりにどのように散らばっているかを表す指標として最もよく使われているのが、「分散」すなわち、「確率変数の平均値からのずれの2乗の平均値」である。簡単のため1, 2, 3, 4, 5, 6という6つの値を等確率（確率6分の1）で取る確率変数を考えると、その期待値（平均値）$E[X]$は

$$E[X]=\frac{1}{6}(1+2+3+4+5+6)=3.5$$

となる。またXの分散vは

$$v=\frac{1}{6}[(1-3.5)^2+(2-3.5)^2+(3-3.5)^2+(4-3.5)^2+(5-3.5)^2+(6-3.5)^2]=2.9$$

である。標準偏差σとは、分散の平方根のことをいう。この場合σは1.7である。

一方絶対偏差とは、「確率変数の平均値からずれの大きさ（絶対値）の平均」である。すなわち、上の場合では、

$$w=\frac{1}{6}[|1-3.5|+|2-3.5|+|3-3.5|+|4-3.5|+|5-3.5|+|6-3.5|]=1.5$$

となる。

確率変数の散らばり具合が大きいとき、標準偏差も絶対偏差もともに大きな値を持つ。また、標準偏差は絶対偏差に比べて、平均値からの遠いところにあるデータの影響を受けやすいことが分

6▼MADモデルの正当性

半年後に戻ってきたこの論文の審査報告は、誠に無慈悲なものだった。1人のレフェリーは好意的だったが、もう1人は、「このモデルはたんなる思い付きにすぎない」と酷評したうえで、「著者はファイナンス理論の基本をまったく理解していないので、すべてを一から勉強しなおす必要がある」というレポートを送ってきたのである。

経済学的に見て面白い論文でないことは分かっていた。しかし、もう一方のレフェリーも言うとおり、実務上は役に立つアプローチである。経済学論文としてはダメかもしれないが、工学論文としては価値がある。したがって私は、経済系のジャーナルではなく、工学系の『マネージメント・サイエンス』誌に投稿したのである。

このレポートを読んだときのショックを、私はいまでもはっきり記憶している。論文の内容だけでなく、著者の人格を否定するような言葉に、身体全体を激震が襲った。おそらくこのレフェリーは、（金融）経済学帝国の住民なのだろう。匿名を良いことに、他人の論文を酷評するのは、経済学者の間ではあたり前だということは聞いていた。しかしその内容は、想像をはるかに超えていた。経済学者は、他人の仕事に厳しい。他人が厳しいから自分も厳しくする。しかもこれは日本だけではなく、世界共通の現象なのである。それが証拠に、ブラック＝ショールズ公式で名高いフィッシャー・ブラック教授がＭＩＴ（マサチューセッツ工科大学）をやめた1つの理由は、論文をめぐるレフェリーとのやり取りにうんざりしたためだという。

「たんなる思い付き。一からやりなおせ」このような冷酷無情な言葉を浴びせられたのは、駆け出しだったころ、やっとまとめた論文に対して、中国出身の大物教授に衆人環視の中で、「こんな論文は書かないほうがよい」と酷評されて以来である。

このとき私は、このレフェリーが相手だとすれば、どのように論文を修正しても、合格に持ち込める見込みはないと判断した。編集責任者のウィリアム・ジェンバ教授（ブリティッシュ・コロンビア大学）は、拒絶査定文書の中で、「一方が好意的でも、もう一方がこれほど厳しい評価を下したときには拒絶するしかない」と書いていた。

しかしこのまま引き下がるのでは、エンジニアのチャレンジが経済学者によって退けられたという悪例を残すことになる。工学系の『マネージメント・サイエンス』誌ですらこうであるならば、他のジャーナルに投稿しても、また同じことの繰り返しになるだろう。

こう考えた私は、正面突破を図ることにした。幸いジェンバ教授は、当時客員教授として筑波大学を訪れていた。そこで、日曜の早朝に宿泊先のホテルにおしかけ、（もちろんアポイントメントは取ってあったが）この決定には承服しかねること、できれば第三のレフェリーの評価を仰ぎたい旨の申入れを行った。かつて私が編集長をつとめていた日本オペレーションズ・リサーチ（OR学会）の論文誌では、2人の評価が極端に分れたときには、レフェリー・レポートを信頼すべき第三のレフェリーにまわして、判定を仰ぐのが慣例になっていたからである。

ジェンバ教授はこの要求を受け入れて下さった。私の気迫に尋常ならざるものを感じ取られたのだろう。このモデルは、実務家たちから強く支持されていた。この支持がなければ、私はこれほど過激な行動に出ることはできなかっただろう。

約3カ月後に第三のレフェリー、マーコビッツ教授（ニューヨーク市立大学）のレポートが届いた。そこには、「私はこのモデルが嫌いだ。このモデルには、CAPMのような均衡モデルにつながる理論的な深みが感じられないからである。しかし、この方法には実用性があるので、受理するのが妥当であろう」と書かれていた。

これこそ求めていた、〝公平な〟判定だった。ジェンバ教授がこの判定を受け入れて下さった結果、この論文は1991年に『マネージメント・サイエンス』誌に掲載された。そして結果的にこの論文は、私が書いたすべての論文の中で、最も多くの研究者によって引用されることになったのである。

このときの体験は、その後何回となく繰り返されたレフェリーとの戦いの際に、大きな力となった。経済学者たちの多くは、経済学的に確立されたアプローチ以外は認めようとしない。このような人々を相手に、〝役に立つこと〟を目指すエンジニアが、同じ土俵で戦うのは賢明とは言えない。ややグレードが低くても、経済学以外にも門戸を開放しているジャーナルを選ぶべきである。論文は掲載されなければたんなるレポートにすぎず、研究業績にはカウントされないからである。

幸いなことに、このころエンジニアの仕事に理解を示すジャーナルが、次々と創刊されつつあった。経済学者から見れば、質の悪いジャーナルということになるのだろうが、私にとってはどうでもよいことだった。

しかし、ファイナンス専門家の大多数は経済学者だから、どのジャーナルに投稿しても、レフェリーの2人に1人は経済学者である。もちろん経済学者のすべてが酷薄とは限らない。半数くらいは度量の広い人たちである。しかしもし不運にも冷酷な経済学者とバトルになったら、（論文の内容に自信がある限りは）徹底的に戦って勝利を勝ち取らなくてはならない。特に英語であれば、日本語ではけっして使わないようなドギツイ表現も可能である。こうして私は、その後14年間にわたる戦いで、8割以上の勝率をキープすることができたのである。

ＭＡＤモデルは、もともと大型ポートフォリオ最適化のために考案されたものである。その後このモデルは、ALM（資産負債統合分析）や国際分散投資に関わる超大型問題に適用され、その目的を果たした。また、取引コストや最小取引単位制約などが付随する、より難しい問題を解く際の基本的道具ともなった。

さらに1991年には、（マーコビッツ教授の予想に反して）MADモデルの下でもCAPM理論が成立することを示すことに成功した。こうしてMADモデルは、計算手法としてだけでなく、理論的にもけっしてダーティーなモデルではないことが明らかになったのである。

MADモデルは、長い間にわたって様々な批判にさらされた。なかでも忘れられないのは、1990年のはじめ、N証券が、マーク・ルービンシュタイン教授（カリフォルニア大学バークレー）、サンフォード・グロスマン教授（ペンシルバニア大学）という、米国の大物金融経済学者を招いてホテル・ニューオータニで開いた豪華セミナーである。

このとき招待されたのは、100人を超える大学関係者と金融機関のビジネスマンだった。駆け出しだった私は、若くして経済学者の登竜門であるジョン・ベイツ・クラーク賞を受賞し、いずれはノーベル賞間違いなしと言われるグロスマン教授を見に出かけていった。

午前中はルービンシュタイン教授の初歩的なレクチャーだった。1人前5000円はすると思われるビフテキ・ランチに驚いたあと、午後はいよいよグロスマン教授の登場である。何でもこの人は、高給取りぞろいの米国のファイナンス教授たちの中でも、最も高い給料を手にしているという噂だった。

この人の講演内容は、いまとなってはまったく思い出せないが、何かとてもいやな気分になったことだけは良く記憶している。こんな人がノーベル賞候補かと思っていたとき、「2次計画問題は解けない、云々」という言葉が飛び出した。

計算技術の進歩を知らない経済学者が、10年前の知識でものを言っている!! そこで私は講演のあと、「いまでは1000変数程度の2次計画問題は、ペロルドの方法を使えば解けるようになっています。またもっと大きい問題は、平均・絶対偏差モデル（MADモデル）を使えば解けるはずです」とコメントした。

するとグロスマン教授は、「かりに解けたとしても、それは何の意味もない。その種の計算は、どのみちgarbage in, garbage out だ」と切って捨てた。

シカゴ大学における博士論文の審査会で、学生マーコビッツはミルトン・フリードマン教授からいじめられた。平均・分散モデルは経済学とは言えない、と。指導教授のヤコブ・マルシャクや、アドバイザーのチャリング・クープマンス（シカゴ大学）、そしてジェームス・トービン教授（イエール大学）のように、このモデルを正当に評価した人もいた。しかし多くの正統派エコノミストは、平均・分散モデルに批判的だった。

そして1990年度のノーベル経済学賞がマーコビッツ、シャープ、ミラーの3人に授与されたときも、マーコビッツの平均・分散モデルについて、あれは経済学ではないと批判する経済学者がいたくらいである。

グロスマン教授は、まぎれもなく経済学帝国の住人だった。「garbage in, garbage out」とは、「ゴミから取れるのはゴミだけだ」という意味である。つまり、現実のデータをもとに（平均・分散モデルで）答えを計算することには意味がない、それより、正統的経済理論から導かれる結果のほうが重要だというわけである。ところが経済学の橋頭堡であるＣＡＰＭ理論は、実際のデータによってその正しさを検証することができない代物である。

経済学界のプリンス、サンフォード・グロスマン教授と、駆け出しのジパング・エンジニアのバトルは、その場にい合わせた経済学者たちのひんしゅくを買った。しかし私はこのとき以来、「たんなる計算」と批判する経済学者に対して、「計算もしないでいったい何が分かるのか」と切り返すスキルを身に付けたのである。

それから10年。１９９９年になって、意外な事実が判明する。ポーランド出身のルスチェンスキー（ラトガース大学）たちが、ＭＡＤモデルが経済理論的に見てすぐれた性質を持つこと、すなわち〝ＭＡＤモデルが生成する効率的フロンティア上のポートフォリオ（の大部分）は、株式収益率分布の如何にかかわらず、２次確率優位の意味で効率的である〟という定理を証明するのである。

1991年にニュージャージーにあるラトガース大学で、MADモデルに関する講演を行った際、スタンフォード大学で1年後輩だったユリエル・ロスブラム（イスラエル工科大学）が、この定理が成り立つ可能性を示唆したことがあった。しかし、残念ながら当時の私は、「確率優位」の概念に馴染みがなかった。しかも、経済学者の集中砲火を浴びたMADモデルが、経済学的立場から見て良い性質を持つことなどありうるはずがないと考えていたため、このアドバイスを聞き流してしまった。

ルスチェンスキーたちが用いたのは、きわめてシンプルな2次元の図形だった。したがって、もしこのとき本気でこの問題に取り組んでいれば、私でもこの定理を証明することができたかもしれない。ルスチェンスキーたちも、ロスブラムのコメントがもとでこの定理の証明を思い立ったということだから、逃がした魚は大きかった（それにしても、ロスブラムはなぜこんなことが分かったのだろう）。しかし私は素直に、「よくぞ私のMAD坊やの正当性を証明して下さいました」と、ルスチェンスキーたちに深く感謝していた。

MADモデルについては後日談がある。この論文が『マネージメント・サイエンス』誌に掲載されてから2年ほどしたころ、農林水産省の研究所につとめる知り合いから、1971年の米国農業経済学会誌に、MADモデルを農業計画に適用した論文が掲載されているという、〝うれしくない〟お知らせが届いた。

一定の面積の農地で多種類の農作物を栽培するにあたって、どの作物にどれだけの面積を割り当てればよいかを決める際に、古くから平均・分散モデルが使われてきた。平均収量の大きさと収量のバラツキをバランスさせる問題は、資産運用問題と同じ構造を持っているからである。

しかし1971年当時、大型の平均・分散モデルは解けなかった。そこで、コーネル大学の農業経済学者ヘイゼルが、分散のかわりに絶対偏差を採用し、線形計画法を用いて問題を解いていたのである。おそらくこの論文は、彼の博士論文をもとにしたものだろう。

しかし、この結果がファイナンスの世界に伝わることはなかった。当時、この分野ではCAPMがパラダイムとなり、平均・分散モデルを解こうとする人はいなかったからである。もし当時、マーコビッツ教授がファイナンス分野にとどまっていれば、この論文の存在に気が付いたかもしれない。しかし経済学界から冷遇されたマーコビッツ教授は、とうの昔にファイナンスを見限って、「SIMSCRIPT」というシミュレーション言語の開発や、線形計画法の研究などに取り組んでいた。このため、この論文の存在を知る機会がなかったのだ。

MADモデルは、私より17年も早くヘイゼル氏によって提案されていた。しかしそのヘイゼルは、イリノイ大学の経済学者チェンから、「まったくナンセンスなアプローチ」と批判され、以後この研究から手を引いてしまったようである。この人は、私が受けたよりはるかに大きなダメージを受けた可能性もある。

〝日の下に新しきことなし〟、とは良く言ったものである。MADモデルで手にした私の勲章は、本来はヘイゼル氏のものだったというわけである。しかし私は、これで特別な賞や金銭的利益を得たわけではないので、彼から訴えられる心配もまたないのである。

いまや平均・絶対偏差モデルは、経済学者の批判に耐えるモデルであることが立証された。果たしてヘイゼル氏は、このことを知っているであろうか。もし生きている間にこの人とめぐり会う機会があれば、私は心ゆくまで「経済学者の狭量と不明」について語り合いたいと考えている。

7▼マーコビッツ教授の失策

１９９０年10月のある夕方、私は東京大学の数学科に客員教授として滞在中の、ハリー・マーコビッツ教授の研究室を訪れていた。バブルの最中、絶好調を謳歌していた生命保険会社の連合体が、東京大学に寄付した冠講座の教授として、半年の予定でここに滞在しておられたのである。ファイナンス後進国である日本の、しかもお金の研究にはまったく関心がない人たちの集まりである東京大学数学科にやってきたのは、ケタはずれの報酬に引き寄せられたためであろう。

訪問の目的は、ＭＡＤモデル論文の審査過程で、第三のレフェリーとしてアドバイスと支援をいただいたことに対してお礼を申し上げることと、日本オペレーションズ・リサーチ（ＯＲ）学会の定例講演会での講演をお願いすることだった。国際的に著名なファイナンス研究者の講演謝礼は、50万円、１００万円があたり前の時代だったから、学会とはいいながら、２万円ポッキリの講演謝金に気が引けたのはもちろんである。

しかし同教授は、会場を完全禁煙とすることを条件に、この講演を引き受けて下さった。数学科での週1回の講義以外には、ほとんど仕事がないので、時間はいくらでもあるということだった。この日のマーコビッツ教授は、完全に過去の人だった。

講演依頼を受けていただいたことに気を良くした私は、家に帰ってビールを飲んでいた。そして、もう寝ようかと思っていたとき、テレビのニュースでマーコビッツ教授のノーベル経済学賞受賞が報じられたのである。あれほど驚いたことは、一生のうちで何回もない。しかし最も驚いたのは、マーコビッツ教授本人だったにちがいない。過去の人は、一夜にして時の人になってしまったのである。

翌日からは、新聞社や生命保険会社、さらには証券会社などから講演依頼が殺到したという。謝礼はもちろん、100万円単位のものだったにちがいない。また『日本経済新聞』のコラムには、「資産運用はマーコビッツの原点に戻ろう」という真っ当な主張が現れ、エンジニアを勇気づけた。

当時「使用前、使用後」というジョークがはやっていたが、もし1日遅れていたら、講演依頼の機会を失っていたことは確実である。

講演会は、マーコビッツ教授がスウェーデンでの授賞式から東京に戻った直後に、(一橋大学ではなく)東京工業大学の大講堂で、(証券経済学会ではなく)OR学会の主催で開催された。会場には、東京工業大学の学生を含めて、約500人のエンジニアが集まっていた。

司会をつとめた私は、「ポートフォリオ理論の過去・現在・未来」と題する、やや退屈な講演を演壇の隅で聞いていたが、最後に近づいたころ、「いまアドバイザーをつとめている大和証券アメリカでは、大型平均・分散モデルを効率的に解く方法を開発し、これをポートフォリオ構築に役立てている」というマーコビッツ教授の言葉を聞いて目が覚めた。そこで講演が終わったあと、それがどんな方法なのか質問してみた。

MADモデルは、大規模な平均・分散モデルを解くには大変な時間がかかるので、それを逃れるための簡便法として開発されたものである。したがって私は、どうしてもこの秘密を知りたかったのである。すると教授は、「これは企業秘密なので、種明かしすることはできません。特にORの専門家に少しでも情報を漏らすと、たちまち全容を知られてしまうので、ノーコメントとさせていただきたい」と答えられたのである。

これは私にとって、これ以上ない大きな情報だった。私はこの後1カ月間、あらゆる知恵を絞ってこの問題を考え続けた。そしてある日、公園を散歩しているときに突然この秘密が解けたのである。

このとき私は、そのあまりの簡単さに、なぜもっと早くこれに気が付かなかったのかと思ったくらいである。解けないと考えてきた問題が解けると分かったときに、ほとんど答えは出ていたのである。私はこの後1週間かけて、あらゆる角度から検討を加え、誤りがないことを確認した。こうなった以上は、なるべく早く論文の形にまとめて、専門誌に投稿しなくてはならない。

そこで私は、博士課程の学生だった鈴木賢一氏（現、東北大学助教授）の協力を得て計算機実験を行い、大急ぎで論文にまとめ、2月初めにOR学会の英文誌に投稿するとともに、ニューヨークに戻ったマーコビッツ教授にも送り届けた。また、この月に開かれた「投資と金融のOR」研究部会で、100人の聴衆を相手にこの方法、すなわち「コンパクト分解法」について報告した。その目的は、この研究成果に対する優先権を主張することである。

ところが発表の直後、会場にいた若手研究者から、同氏がマーコビッツのヒントをもとに同じ結果を得ていることを知らされた。しかし、この人はまだこのアイディアを公の席で発表する機会がなかったのだという。こうして私は、タッチの差できわどい勝負に勝つことができたのである。

学生時代に指導教授からいただいたアドバイス、「新しい結果が得られたら、なるべく早く大勢の人の前で公表することだ。万一、秀才を相手に個人的に秘密を漏らすと、その人がより一般的な結果を導き、先に論文を投稿してしまうかもしれないからだ」が役に立ったという次第である。

私は1日も早く、この〝画期的〟な論文が公刊されることを望んでいた。しかし4カ月経っても、編集部からは一向に音沙汰がなかった。思い余った私は編集長に電話して、早くしてもらえないかと懇願（脅迫？）までしたものである。

そうこうしているうちに、1991年5月になって、マーコビッツ教授から手紙が届いた。その中身は、「(ノーベル賞のドサクサで)君たちの論文を読む時間がなかったが、久しぶりに時間ができたので読んでみたら、自分たちの方法とほぼ同じなので驚いた」という内容だった。そしてその手紙には、われわれのものとは少しばかり違う内容の論文が添えられていた。マーコビッツ教授は、結果的にORの専門家に秘密を洩らしてしまったことに気づかれて、またもしてやられたと思われたにちがいない。

われわれの論文は、1992年春に日本OR学会の英文誌で公刊された。一方マーコビッツ教授たちの論文は、翌年私が編集した『アナルス・オブ・オペレーションズ・リサーチ』誌の金融工学特集号に掲載された。この論文がわれわれの論文とほぼ同じである事は分かっていた。しかし(われわれの論文の存在を知らない)レフェリーが、掲載を推奨するレポートを送ってきたので、それを承認したのである。

タッチの差で大魚を逃して涙をのんだ人を、私は何人も見てきた。これらの人たちの悲嘆を知っている私は、このとき私の陰で泣いた若者の視線を思い出すたびに、勝者には勝者なりの苦労があるということを思い知らされたのである。

Column #04

マルチ・ファクター・モデルとコンパクト分解

平均・分散モデルを解くためには、各資産の期待収益率と収益率相互の共分散を求めることが必要となる。銘柄数が多いときには、これらの推計にはかなりの手間がかかる。そこで、この作業を減らすために考案されたのが、マルチ・ファクター・アプローチである。

この方法では、銘柄 R_j の投資収益率が、いくつかのファクター $F_1, F_2, ..., F_K$（経済指標や企業の財務指標など）の1次式として

$$R_j = \alpha_j + \beta_{j1}F_1 + \beta_{j2}F_2 + \ldots + \beta_{jK}F_K + \varepsilon_j$$

と記述できることを仮定する。ここで $\alpha_j, \beta_{j1}, \ldots, \beta_{jK}$ はある定数で、ε_j は誤差項である。過去のデータをもとに、標準的な統計的手法を使って $\alpha_j, \beta_{j1}, \ldots, \beta_{jK}$ を推定し、平均・分散モデルを書き直すと、2次計画問題は著しく解きやすい形に書き直すことができる。

これに対して、ファクター・モデルを導入せずに、株価データをもとに分散の式 $V[R(x)]$ をマルチ・ファクター・アプローチと同程度に簡単な形に書き直したのが、コンパクト分解法である。

分かってみれば当たり前の方法だが、マーコビッツ教授の講演を聴くまでは、そんなことが可能だとは考えもしなかった。何でもそうだが、それが可能であるとの確信があれば、遅かれ早かれ答えは見つかるものである。

8 ▼ エンジニアが嫌いな「お金の研究」

「投資と金融のＯＲ」研究部会は、１９８９年のバブル絶頂期には、会員数が４００人に達していた。またバブルが崩壊したあとも、会費の安さが魅力となって、ビジネスマンたちは相変わらずこの研究会に足を運んでくれた。しかし残念なことに、この研究会に参加する大学関係者は、いつまでたっても20人を超えることはなかった。

「ファイナンスにおける定量的アプローチはＯＲそのものだ！」

エルトン＝グルーバーの教科書を読んだときに抱いたこのイメージは、この分野に本格参入して以来、さらに強固になった。最適化、応用確率過程、シミュレーション、決定分析など、現在の金融工学の中核をなす技術は、すべてＯＲの分野で生まれた。しかしこれらの分野の専門家たちは、なかなかファイナンスの研究に乗り出そうとはしなかった。その最大の理由は、彼らの多くが「お金の研究」は自分たちの守備範囲ではない、と考えていたことである。

この研究の旗振り役が、メジャーな研究者なら話は別だが、偉い先生たちの多くはこの種の研究に否定的な見解を示していた。躊躇するエンジニアにとって、大教授の批判はそれがたった一言であっても、決定的なパンチとなる。

安定した研究環境を捨てて、新しいリスキーな研究に乗り出すためには、そのリスクを上回る強い動機づけが必要である。私の場合で言えば、プリスカとペロルドに対する対抗心、グロスマンに代表される経済学帝国主義者に対する敵愾心、そしてもう1つ言えば、米国の国をあげての日本つぶしを防ぎたいという愛国心、といった何かである。

しかしこんな動機づけがあるエンジニアは滅多にいない。こうして私は、日本オペレーションズ・リサーチ（OR）学会のエスタブリッシュメントたちをこの分野に招き入れる努力を放棄した。「地道な活動を続けることによって、しがらみのない若手を招き入れるしかない。そしてそのためには、長期戦でこの仕事にチャレンジしなくてはならない」

要するに、実績のあるOR研究者たちは、従来から行ってきた研究を投げ出してまで、この分野に参入するインセンティブがなかったのである。「自分は従来からの研究で一定の実績をあげてきた。このままこの研究を続けていれば、その名声と地位を維持することができるし、それなりの研究費も付く」と考えたのだろう。

もちろん少数ながら、この分野に関心を持った人はいたはずである。当時であれば、これらの人は容易に金融工学の専門家になれただろう。しかし、もし彼らがはじめにインガソルやダフィーの本を手に取っていたら、とてもこんな話に付き合っていられないと判断したかもしれない。こう考えると、私が最初にエルトン゠グルーバーの教科書に出会ったのは、まことに幸運だった。

ファイナンス研究に参入することによって、巨額の研究費や個人的報酬を手にすることができるのであれば、より多くの研究者が入ってきたかもしれない。しかし日本の金融ビジネスは、米国の大学には千万単位の研究費を出すにもかかわらず、日本の大学のエンジニアには、ほとんど何の支援もしてくれない。

金融機関のお抱えになれば、かなりの個人的報酬を手にすることができるらしいが、これには大きなリスクが伴う。金銭的報酬の見返りとして、研究成果の公表を見合わせなくてはならないからである。研究成果を公開しない研究者は、歌を忘れたカナリヤのようなものである。エコノミストの場合はどうか知らないが、少なくともエンジニアのカルチャーではそうなのである。

幸運にも私は、1990年代に入って友人の仲介で、T信託銀行とD生命保険の連合体から、ヒモツキではない研究費の支援を受けることができたが、これはまったくの例外である。

ファイナンスに転進しても研究費は出ない。個人的見返りもない。研究発表する場も少ない。そのうえこの分野に参入すると、エンジニア・コミュニティから疎外される可能性が強いのである。

ここで少しわき道にそれるが、大学につとめる研究者と研究費について説明しておこう。

エンジニアにとって、研究費の多寡が研究活動に決定的な影響を及ぼす。特に実験系の研究者の場合は、研究費がなければまったく何もできない。一方われわれのような理論系研究者は、大金が必要なわけではないが、お金がなければ秘書や学生アルバイトを雇うことはできないし、海外での研究発表のための旅費もままならない。

したがって短期間ならともかく、長期にわたる金欠症状は研究水準の著しい低下を招くことになる。恐いのは研究水準が低下すると、新たな研究費を獲得するチャンスが減ることである。ひとたびこのサイクルに入ってしまうと、ここから脱け出すことはきわめて難しい。

国立大学の場合、国から校費と呼ばれる経費が支給されるが、理工系大学では、その半分以上は光熱水道料で消えてゆく。さらに学科で共通購入する雑誌や物品の経費を除くと、工学部教授が1年に手にする研究費は、たかだか150万円程度にすぎない。ここから学生たちのためのパソコン購入費やらコピー代、消耗品代を差し引くと、実際に残るのは数十万円である。これでは、自分のパソコンを更新すればほとんど消えてなくなる。

そこでエンジニアは、外部資金の獲得に血道をあげる。ひところは、有力大学の工学部教授に対して、企業が学生獲得を目当てに少々の寄付金を出してくれたものである。奨学寄付金と呼ばれるこの資金は、国からもらうお金と違って使い勝手が良いので、大変なメリットがある。海外出張旅費や会議費に使えるだけでなく、次年度に繰越しもできるのである（国からのお金は、単年度会計のためビター文次年度に繰り越せない）。

しかし景気が悪くなると、この種のお金は次第に減ってくる。東京工業大学の場合、ひところ10億円以上あった寄付金は、バブル崩壊後は半額近くに落ちこんだ。そこで研究者は、文部科学省がコントロールしている科学研究費に殺到する。

国の科学技術振興政策のおかげで、この資金は年々増え続け、いまでは年２０００億円に近いお金が大学に流れこんでいる。しかしその一方で、これをあてにする研究者も増えているので、審査をパスするのはたかだか4件に1件程度にすぎない。

駆け出しだったころの私は、4年続けて落選の憂き目にあった。講座制大学の場合、助教授以下は教授の管理下におかれているから、自分の申請が外れても、教授のお金をあてにすることができる。しかし講座制を廃止した筑波大学では、落ちてしまえば誰が面倒を見てくれるわけでもない。もちろん親しい教授（がいたとすればの話だが）にお願いして、メンバーに加えてもらうことができないわけではないが、これをやると頭が上がらなくなるうえに、回ってくるのは涙金である。

4年連続落選した私は、完全に日干しになった。一般教育担当助教授の私が国からもらえる研究費は、年間30万円程度にすぎない。当時は計算機も高かったから、これでは計算機実験もままならない。またワープロがない時代だから、論文を書いてもそれを入力するのは大変な苦労である。この結果私は、4～5編の論文を書いたものの、レフェリーからの（法外な）改訂要求にこたえることができず、これらの論文のほとんどはオクラ入りとなった。

論文を書かなくても、講義さえしていれば給料はもらえる。しかし研究業績がない人間が研究費を申請しても、4人の1人にもぐりこむことはできない。研究費がなければ論文を書けない。書かなければ研究費が付かない、の悪循環である。

一筋の光が差したのは、1979年のことである。若手研究者のための奨励研究に応募して、100万円ほどの研究費にありつけたのである。この幸運は、文部省から天下ったボス教授の特段の配慮によるものだと当の本人から教えられたが、当時の私はナイーブにもこの話を信用したものである。世の中で、科研費の配分は公平でないという批判が絶えないのは、こんなところに原因があるのかもしれない。

しかしいまとなって考えてみると、果たしてどこまでボス教授の力が働いたかは疑問である。同教授は、私の申請がパスしそうだという情報をキャッチして、正式決定が出る前に本人に伝えることによって、自分が影響力を行使したように見せかけたのではないだろうか。

後年この審査に携わってみて分かったことだが、1億円単位の巨大プロジェクトはいざ知らず、100万円程度の申請に文部省OBが口を挟む余地は少ない。この種の審査は、学会から推薦された審査員の評価で、ほとんどすべてが決まるからである。

実績のない私の申請がなぜ通ったのかという疑問は残る。しかし、たまたまその年の審査員が私の研究に好意的だった、という可能性のほうが高いのではないだろうか。いずれにせよ、筑波大学時代の8年間を通して、科研費がもらえたのはこれ1回限りだった。

1982年に東京工業大学に移ってからも、申請は空振り続きだった。しかし、3年目の85年になって幸運が訪れる。思いきり大ぶろしきを広げた「大規模システム最適化」研究計画が審査をパスして、3年間で800万円のお金が付いたのである。800万円と言えば、当時の私の年間所得を上回る大金である。こんなにお金をもらった以上、必ずそれに見合う研究成果をあげなくてはならない。何しろこれは、国民の血税から賄われたお金だからである。

その昔、科研費獲得レースで連戦連勝を続ける先輩教授のF氏から、次のような話を聞いたことがある。「科研費は申請書作成に1週間かけるだけで、1000万円単位のお金を手にすることができる。こんなに割のいい話はほかにない。そこで確実に通る方法を教えてあげよう。それはすでにやってしまった研究を、あたかもこれからはじめるように書くことだ。そうすれば申請書類に説得力が生まれる」というのである。

なるほどとうなずいたものの、先立つもの、すなわち〝すでにやってしまった研究成果〟がなければ手も足も出ない。

1985年からの3年間に、800万円の研究費を使って8編の論文と1冊の本を書いた私は、F教授のノウハウを利用して次の申請書を書いた。この作戦はみごとに成功した。数年後にMAD

モデルという大きな鉱脈を掘り当ててからは、こんな策を弄する必要はなくなったが、駆け出しの研究者が研究費を獲得するのは、とても難しいことなのである。

もらった８００万円は若手の共同研究者たちにも配分したから、私自身が使った研究費は全体の約半分程度であったと思われる。したがって、これを論文数で割れば1編あたり50万円に相当する。絶対的な基準で見ればかなりの金額であるが、他の研究者に比べれば、これは圧倒的に少ないお金のはずである。

１９８８年に金融工学の研究をスタートさせたとき、このテーマで科研費を申請しても通してもらえるはずはなかった。経済系に出せば工学的研究は絶対に不合格である。工学系のカテゴリーで出しても、エンジニア・コミュニティで公認されていない〝お金の研究〟にお金が付くはずはない。

この結果私は、モグリで金融工学の研究をやらざるをえなくなった。大域的最適化というテーマでお金を申請して、これを金融工学に流用するのである。しかしそのかわりに、申請したテーマに関する研究もやらなければ、期末に要求される研究報告書は書けない。

こうして私は、1つの研究費で2つの研究テーマに取り組むことになった。片や大域的最適化、片や金融工学である。必要に迫られた私は、この2つの分野にまたがる研究テーマを探し求めた。求めよ、さらば与えられん。運良く私は、金融工学の分野における大域的最適化の応用研究を発掘することに成功するのである。

取引コストの下での資産運用、多目的債券ポートフォリオ最適化、最大予測可能性ポートフォリオ、最小取引単位の下でのポートフォリオ最適化、ロング・ショート・ポートフォリオ最適化等々がその例である。

世の中で行われている調査結果を見ると、研究者は2つの研究テーマを持っているときに最も生産性が上がるという。もしそれが事実だとすると、このような境遇におかれた私は大変運が良かったと言わなくてはならない。

1990年代半ばになって、金融工学が工学の分野で一定の評価を確立してからは、堂々とこのテーマで研究費を申請できるようになった。そのうえ2002年には、文部科学省がORや経営工学の領土である「社会システム工学」のカテゴリーの重点項目として、「金融工学」を指定するまでになったのである。

9 ▼ 数学者のファイナンス参入

日本オペレーションズ・リサーチ（ＯＲ）学会の規約によれば、研究部会の存続期間は2年であり1年までは延長可、さらに延長する場合には、主査と幹事を入れかえたうえで、部会の名前も変更しなくてはならない。特定の人物やグループが、研究部会を私物化することを防ぐために決められた賢明なルールである。

３年目に入った１９９０年には、バブル崩壊ははじまっていたが、その後に控えている大崩落を見通した人はいなかった。エンジニアたちは、いずれ自分たちが金融ビジネスの中核を担う時代が来ると信じていたはずである。このため3年目の半ばを過ぎても、研究会の参加者はつねに50人を超えていた。

何十人もの常連たちが集まってくれる以上、３年で部会を解散するわけにはいかない。エンジニアたちの拠点は、依然として「投資と金融のＯＲ」研究部会だったからである。部会運営という厄介な仕事を引き継いでくれたのは、福川忠昭、枇々木規雄の慶應義塾大学コンビである。

新しい部会名は、投資と金融を入れかえた、「金融と投資のＯＲ」研究部会である。その後のバブル崩壊を考えると、福川氏たちには誠に申し訳ないことをしたという思いが残る。しかし、このころはまだよかったのである。金融工学「冬の時代」の中で、１９９４年にこの会を引き継いだ東京工業大学の古川浩一、中里宗敬コンビの苦労は、これとはまったく比較にならなかったはずである。金融機関が金融工学への投資を引きあげた結果、一時は参加者が20人程度まで落ちてしまったからである。

研究部会の主査を外れても、私はこの研究会に全力投球するつもりでいた。ここに舞い込んだのが、その前年に発足した応用数理学会からの、「ファイナンスの数理」に関わる研究会の設立依頼である。

有難い提案ではあったが、ＯＲ学会の活動と重なる部分が多いこの仕事を、軽々に引き受けることはできなかった。そもそもこの時代、理工系大学でファイナンスを研究している人は十数人にすぎなかったし、そのほとんどはＯＲ研究部会の常連である。これらの人々がゴッソリ抜ければ、ＯＲ学会としては大打撃である。

しかし実を言えば、ファイナンスの数理を重視する研究者たちは、この研究部会があまりにも賑やかなことに苛立ちはじめていた。１００人近い参加者の9割が実務家で占められている研究会で、数学的に踏み込んだ議論をすることには無理がある。しかし、ＯＲ学会の中にファイナンスに関するもう１つのグループを組織することはできない。

ＯＲ学会はファイナンス理論の老舗である。しかし製造業をベースに活動してきた大多数のエンジニアにとって、金融ビジネスの隆盛は、不愉快を通り越して許し難いものであった。金融ビジネスは、工学部の優秀な学生を（何のあいさつもなく）大量に盗み出しておきながら、彼らを適正に処遇していなかったからである。

製造業の経営者は、この風潮を黙認している理工系大学に、善処を申し入れてきたくらいである。金融ビジネスは製造業の敵である。そのビジネスに塩を送る研究部会など１つでさえ十分すぎるというのに、もう１つと言い出したら何が起こるか。

しかし私はその一方で、ＯＲ学会だけに頼ることはリスクが大きすぎるとも考えていた。エンジニアが中心のＯＲ学会が、これから先もお金の研究を支援してくれるかどうか、確信が持てなかったのである。

「この分野が生き延びるためには、ファイナンスの数理——確率過程論、最適化理論、シミュレーションなど——をじっくり研究するための組織を、ＯＲ学会の外に作っておくことが必要かもしれない」。こうして、いったんは依頼を断った私は、応用数理学会の重鎮である伊理正夫教授から役かかってきた電話で肚を固めた。もちろんそのためには、ＯＲ学会との摩擦が生じないよう、役割分担を明確にして、福川主査の了解を取りつける必要があった。

福川氏との話し合いは、思った以上にスムーズに進行した。OR学会はファイナンシャル・エンジニアリング（実務に近い分野）を、応用数理学会は数理ファイナンス（数学に近い分野）を中心とする活動を行うということで、合意が得られたのである。

当初私は、このような棲み分けが可能かどうか良く分からなかった。しかし、結果的にこの部会は、確率論の専門家たちの拠点としての役割を果たすことになった。

「数理ファイナンス研究部会」の設立を記念するシンポジウムが開かれたのは、1993年1月のことである。記念シンポジウムであるからには、有力な研究者に講演をお願いする必要がある。

しかし私が自由にできるお金では、海外からのスター教授を招待するのは無理である。そこで私は、某証券会社が大阪で開催するシンポジウムの直後に日程を設定し、ここにやってくる大物たちの中から、シカゴ大学の経済学者ジョージ・コンスタンティナイディス教授と、イリノイ大学のスタンリー・プリスカ教授に講演を依頼した。こうすれば、私たちの負担はホテル代プラス・アルファ程度ですむ。

選りすぐりの日本人研究者4人に加えて、この2人の大物から承諾の返事をもらった私は、各方面にこのシンポジウムをアピールした。

ところが1週間前になって騒動が起こる。コンスタンティナイディス教授が、突如講演をキャンセルしてきたためである。「先約があったのを忘れて、ダブル・ブッキングになってしまったので、東京には寄らずにすぐに帰国する」というのだ。狼狽した私は、教授のシカゴの自宅に電話して、何とかしてもらえないかと懇願したが、返事は素っ気ないものだった。

いったいこんなことは許されるのか!! 私はこのとき、先約ではなく後からやってきた話を優先させたのではないかと疑っていた。目玉を欠いたシンポジウムが、どれほど聴衆を失望させることになるのかを知っている私は、プリスカ教授たちとともに大阪を訪れることになっていたUCLAの大物、エドアルド・シュワルツ教授に頼んでみることにした。

ロス・アンジェルスの自宅に電話して事情を説明したところ、同教授は「よくある話だ」といって、快くピンチヒッターを引き受けて下さった。経済学者の間では、これは珍しいことではないということだろうか?? (私はこの後にも、ドタン場になって経済学者から講演をキャンセルされそうになったことがあるが、このときは間一髪で難を逃れた)

こうして私は、鉱山学からファイナンスにトラバーユした元エンジニアであるシュワルツ教授の素晴らしいレクチャーに窮地を救っていただくことになった。エンジニアは誠にあてになる人たちである。実際私は過去40年間にわたって、エンジニア教育を受けた人から約束を反故にされたことは一度もないのである。

応用数理学会は、「産業における数学の応用」を研究する人たちの集まりである。私は最初の段階からこの学会に参加したが、学会の中枢は数値解析の大家たちと、その僚友・弟子たちによって構成されていた。

この学会のリーダーたちが、研究部会設立を要請したのは、数理ファイナンスという新しい分野を取り込むことによって、学会のイメージアップを図るためであった。しかし私は、このように考える人が少数派であることを知っていた。部会発足にあたって、大御所の山口昌哉会長（京都大学）が、「あまり目立たないように活動して下さい」と申し入れてきたからである。

つまりは、ファイナンスという〝怪し気な〟分野が繁盛すると、堅気の学会としては具合が悪いということである。こんな電話を下さるからには、学会内部に強い反対があるのだろう。エンジニアたちほどではないとしても、数学者たちも金融（ビジネス）に対して反感を持っていることは十分ありうる話である。実際私は、証券会社に就職した学生に対して、「二度と私の研究室の敷居をまたぐな！」と言い放った数学者を知っている。

こんなわけで、「数理ファイナンス」研究部会をスタートさせたとき、私は数学者やエンジニアに遠慮して、あまり目立たないよう注意を払っていた。

当時のメンバーの興味の中心は「デリバティブの価格付け」、そしてそこで必要とされるのは、伊藤清の確率積分とハリソン＝プリスカのマルチンゲール理論である。

私は留学中に、待ち行列、在庫理論、信頼性理論、マルコフ決定過程などの確率モデルを本格的に勉強した。また確率論や確率過程論そのものについても、かなりの時間をさいて勉強し、統計学の修士号までいただいた。この結果、教科書に書いてあることはひとまず分かるし、演習問題を解くこともできるようになった。しかしそのような努力にもかかわらず、完全に〝納得〟するまで確率モデルを理解することはできなかった。

一流の研究者になるためには、ひと通り分かった程度ではダメである。その概念を完全に納得しなくては、新しい研究成果は出せないのである。あれだけ勉強しても納得感（私はこれを〝ワカッタ〟感覚と呼んでいる）が身に付かなかったのであれば、この分野の研究者はつとまらない。

それより何より、私にはワカッタ感覚で理解できる数理計画法があった。こうして私は数理計画法の研究者になり、一定の成果をあげることができた。またファイナンス分野でも、数理計画法の立場からいくばくかの貢献を果たすことができた。しかも私は、この分野でまだまだ解くべき問題をたくさん抱えている……。

しかし「数理ファイナンス」研究部会主査になった以上は、確率モデルから逃げるわけにはいかない。そこで私は、やむをえず確率モデルの勉強を再開した。このとき思い出したのは、東京工業大学の学長をつとめた田中郁三先生の言葉、「世の中は、自分がやらないですませようと思ったことを、結局はやらざるをえない方向に進むものだ」であった。

運良くジャロー＝ラッドの分かりやすいテキストにめぐり合い、ブラック＝ショールズ理論は理解することができたが、カラツザス＝シュレーブのテキストには眼が眩んだ。この結果、いつまでたっても、白川浩氏たちの最先端論文を理解できるようにはならなかった。たまにその内容が分かったとしても、得られた定理を現実問題に応用して、役に立つ結果を導くことができそうには思えなかった。おそらくこのころの私には、〝工学＝役に立つこと〟という工学部の教えが深く染みついていたのだろう。

研究部会の主査をつとめる間、私はいつも分かったふりをして白川氏らの研究に付き合っていた。しかし、実際には分かっていないということは、白川氏たちには分かっていたにちがいない。

ここにやってきたのが、ベルギー出身の確率論の大家フレディー・デルバエン教授（チューリヒ工科大学）である。この人はマーコビッツ、ボイル（ウォータールー大学）両教授に続いて、東京大学冠講座の教授として半年にわたって日本に滞在し、研究部会でも何回か講演を行ってくれた。そしてこれをきっかけに、数学界のプリンス楠岡成雄氏が数理ファイナンスに参入してくるのである。

この人は、数理ファイナンス理論の根幹を成す「伊藤の理論」の創始者である伊藤清教授の高弟である。東京大学数学科を卒業後、10年近く京都大学の数理解析研究所の助教授をつとめていたが、1990年代半ばに東京大学数理科学研究科に教授として戻ってくる。当時まだ40代に入ったばかりだったはずである。

楠岡教授は実績、キャリアともに、日本数学界を代表する確率論のチャンピオンである。また数学者にしておくのは惜しいほどの、博識と見識の持主でもあった。おそらく、数学のことは直感的に分かってしまうのであろう。やすやすと数学の問題を解き、余った時間で政治、経済、社会問題に対する深い洞察を加えるのである。

1995年秋、私は3年の任期を終えて研究部会主査を楠岡氏にバトンタッチした。この結果、応用数理学会におけるファイナンス研究の地位は急上昇した。また楠岡門下からは、世界でも高い評価を受ける何人もの研究者が育った。

楠岡氏をこの分野に引き込んだのは、デルバエン＝白川コンビである。また白川氏と並ぶ逸材木島正明氏（京都大学）がこの分野の研究を本格化させたのも、この研究会である。数理ファイナンス研究部会は、これらの人材を育てただけでも、十分その意義はあったといえるだろう。そして2002年に楠岡氏が日本数学会理事長に就任したことによって、数理ファイナンスは応用数理学会における確固たる地位を手にするのである。

しかしエンジニアの立場から見ると、数学者の数理ファイナンス研究については若干の違和感が残る。

確かに彼らは大変奥深い研究をしている。しかしその研究の多くは、実際の問題を解くという立場からは距離のあるものが多い。数学者にとっては、美しい理論が大事であって、実用の役に立つかどうかはそれほど重要ではないのだろう。この意味で、数学者のメンタリティーは、経済学者のそれと似通っているのである。

10▼統計学者とエンジニアの共闘

数理ファイナンス研究部会の発足が決まった1カ月後、今度はまったく思いがけない方向から声がかかった。一橋大学の統計学・計量経済学者である刈屋武昭教授が、新しい学会の設立に協力してもらえないか、というのである。自分が率いる統計学者集団と、私のまわりのOR研究者が協力して、新学会を旗上げする計画である。

刈屋教授とは、プリスカ教授が編集長をつとめる『マセマティカル・ファイナンス』誌の編集委員として、共通の土俵で仕事をしてきたが、個人的な付き合いはなかった。経済学者とのバトルに消耗していた私は、なるべく彼らとは付き合わないようにしてきたからである。しかし電話で話をしているうちに、刈屋氏が日本のファイナンス研究について、私と同じ意見を持っていることを知った。

わが国では長い間この分野は、経営学の一部と位置づけられてきたが、経営学者たちは派閥色が強く、X先生もしくはY先生の系列でないと、研究発表すら受け付けてもらえないような状況にあるので、どうしても実績ベースの学会を設立することが必要だという。

私はこの方針には全面的に賛成だった。工学系の学会は、少数の例外はともかく、ほとんどは民主的に運営されているし、そうでなければ研究者は育たないからである。

一橋大学の統計学者と、東京工業大学のOR研究者が手を組んで、金融工学を研究するための学会を設立する。これは大変魅力的な提案だった。しかし、応用数理学会の研究部会を発足させたばかりの私は、この新学会に本格的にコミットするわけにはいかなかった。

「JAFEE」、すなわち「日本金融・証券計量・工学学会」という、稀に見る長い名前の学会が成立したのは、1993年のことである。いまにして思えば、中間を省いて「日本金融工学会」としておいたほうが良かったことは確かであるが、これは当時の複雑な学界事情を表したネーミングだったのである。

金融における工学的アプローチ、すなわち「Financial Engineering」の日本語訳としては、「金融工学」が最も自然である。しかし1990年代はじめ、私はこの言葉を使うことに躊躇した。「キンユウ」という言葉で一般の人がイメージするのは、「サラ金」であり「ナニワ金融道」だった。したがって、いきなり「金融工学」を名乗ることには抵抗があったのである。実際、当時この分野を立ち上げた人々は、「投資工学」「クオンツ」「証券計量学」「理財工学」などの言葉を使用していた。

この事情は先進国である米国でも同様だった。すなわち、「Financial Engineering」は株屋たちのアコギな商売を連想させるものだったため、研究者の間では「Financial Optimization」や「Quantitative Finance」などが用いられ、「Financial Engineering」という名前が定着したのは、１９９０年代半ば以降のことである。

学会の名前が長くなった１つの理由は、この学会を立ち上げた人々の中に、計量経済学と統計学系の人が多かったことである。これらの人々の間では、是が非でも「証券」と「計量」という名前を入れたいという強い希望があったはずである。そのような状況の中、刈屋氏が様々な障害を乗り越えて、「工学」の文字を加えて下さったことに私は深く感謝していた。

刈屋氏との約束で理事を引き受けた私は、恐る恐る第１回目の理事会に出かけていった。理事の中で知っている人と言えば、刈屋会長くらいのもので、ほとんどは経済学部に所属する（計量）経済学者と統計学者だった。

金融経済学は、大胆な仮定の下に組み立てられた学問である。確かにファイナンス理論の女王と言われるだけあって、ＣＡＰＭ理論は美しい。しかし、エンジニアから見ると、これは腰が抜けるほどの単純化の上に築かれた理論である。

工学の世界でも、複雑な問題を扱う際には、単純化を施さなくてはならない。しかし、それが許されるためには、実験による検証を受ける必要がある。もし現実との乖離が大きすぎるようであれば、その単純化は廃棄される。実際、そうでなくては飛行機やロケットを安全に飛ばすことはできないからである。

物理現象と違って、経済現象には様々な要因が複雑に絡みあっている。理工系の人間から見ると、どこから手を付けてよいか分からないほど複雑である。ちなみに大数学者バートランド・ラッセルは、「経済学は自分には難しすぎる」と言ったそうである。

ところが経済学者は、この複雑な問題に大胆な単純化を施し、その本質部分を暴き出してみせる。その能力に対して、私は最高の賛辞を惜しまない。しかしそれらの理論は、現実の経済現象を十分な精度で説明できるとは限らない。理論を組み立てた人たちは、その限界を知っている。したがってこういう人たちは、この理論の現実への応用については十分な謙虚さを備えている。

しかし、教科書を通じてこの理論を学んだ人々の中には、それを過信する人が現れる。こんな素晴らしい理論があるのだから、現実はこの理論どおりに動いて欲しい、いや動いているにちがいない、と信じるのである。この結果これら人々の間では、「この理論は正しいことにしましょう」という合意が成立し、強固な連帯感が生まれる。

こうなると、この理論には現実を説明する十分な根拠がないと外から叫んでみても、まったく効果がない。指導的な立場にいる人は、「そこまで理論を過信してはいけません」と釘をささなくてはいけないのであるが、逆にこれに乗って、セールスマンの役割を果たす人までいるのがこの世界である。かくしてファイナンスにおいては、エンジニアの基本である「現実第一主義」と対立する「理論第一主義」が主流となった。

しかし、経済学者のすべてが理論第一主義かと言えば、必ずしもそうではない。なかには、計量的手法を用いて、現実にあった実証的モデルを作ろうとする人々もいる。そのひとつが計量経済学と呼ばれる分野である。

彼らにとって、ファイナンスは計量的手法を応用するための有望な新領域である。この分野には、精度の高い大量のデータが存在するからである。こうして計量経済学者の一部が、証券計量学という分野を組み立てた。そして刈屋氏は、わが国におけるこの分野のチャンピオンだったのである。

ＪＡＦＥＥが設立されて間もなく、経済学者を中心に、「日本ファイナンス学会」が設立された。このとき私は、刈屋氏がなぜＪＡＦＥＥの設立を急いだのかを理解することになった。

それから4年間、刈屋氏は一部に独断専行といわれながら、ＪＡＦＥＥのために大活躍した。300人の会員しかいないというのに、年2回、しかも2日間の研究発表会を行い、年4冊の英文誌と、年1冊の和文誌を刊行したうえに、年1回の国際会議、そしてコロンビア大学との共同シンポジウムなど、全エネルギーを投入して会の運営にあたった。

ところが、ＪＡＦＥＥには泣き所があった。海外の大手出版社 Kluwer を通じて刊行している英文誌が、期待を下回る売上げしか達成できなかったことである。このため出版社が、英文誌の編集をファイナンス学会と協力して行うよう圧力をかけてくる。この雑誌を、ファイナンス学会の会員にも買わせようという算段である。

意見を求められた私は、苦しい財政状況を知らなかったため、明確にこれに反対する文書を刈屋会長に送った。こんなことができたのも、私がこのときＪＡＦＥにとっては傍観者、あるいは一人のシンパにすぎなかったせいかもしれない。

これによってＪＡＦＥの独立性は保たれたが、これが祟って思いもよらない大仕事が降ってきた。１９９６年の暮れも押しつまったころ、刈屋氏から次期会長を引き受けてもらいたい、という電話がかかってきたのである。１期２年の任期を２期つとめた刈屋氏が、後任として選んだのが私だったのである。

私はかねがね、論文誌の編集くらいは引き受けなくてはならないと考えていた。したがってこの電話も、はじめはその程度のことだろうと余裕を持って応対していたが、刈屋氏が本気で私を後任に考えていると知って、脇の下からどっと汗が流れ出た。

即答を避けたうえで、私は学会の大勢が私の会長就任を受け入れるかどうかを尋ねた。すると、それに対してはすでに手を打ってあるという。私は10日間の猶予をいただいてこの電話を切ったが、このときもうこの仕事は断われないと思っていた。

当時私は、東京工業大学に新設された社会理工学研究科長として、かなりの雑用に追われていた。また年が明ければ、日本オペレーションズ・リサーチ（ＯＲ）学会副会長への就任要請があるかもしれない。したがって、ここでさらにもう１つの大仕事を引き受けるのは無理だという気がした。

しかし私は、これまで公的な仕事を頼まれた場合、極力これを引き受けることにしてきた。数年前に畏友斎藤精一郎氏が、「同世代のサラリーマンの苛酷な仕事ぶりを見れば、頼まれた仕事を断わることなどできない。それに自分が働けるのも、たかだかあと10年にすぎない」と言っているのを耳にして以来、この原則はより強固なものになった。

こうして私は、ＪＡＦＥＥの会長職を引き受けた。思い起こせば、スタンフォード大学を卒業してからの25年間に、いろいろな活動の旗振りをやってきた。しかし私は、周辺の友人や学生を仲間に引き込んで、その活動を盛り立てるようなことは慎んできた。人にはそれぞれ自分にとって大事な仕事がある。もし他人の軌道を修正させて、それがうまくゆかなかったときに責任は取れないし、取りたくもないというのが本音である。

こう考えると、私という人間は、リーダーとしての資質を欠いていると言わざるをえない。おそらくこれは、超秀才の陰で過ごした子ども時代以来の自信の無さと、戦後民主主義の影響なのだろう。一時代前のリーダーたちの強烈な旗の振り具合と比べて、良くも悪くも私は個人の立場を第一に考えてしまうのである。

私は約6年にわたってＪＡＦＥＥの運営にコミットした。そして１９９７年から2年間は、会長までつとめた。しかし結局最後まで、この学会に完全に馴染むことはできなかった。この学会が、経済学者のカルチャーに引きずられる部分が多かったからである。

たとえば、研究会を開催するにあたって、多額の費用を払って英語の講演を同時通訳する慣行は、エンジニアから見れば30年以上前の遺物である。一般人相手のセミナーならともかく、専門の研究者や実務家にとって、専門用語を知らない人による同時通訳は、聞くに耐えない代物である。他人のミスを許さない経済学者の厳しさも、エンジニアには馴染めないものだった。

学会活動は、自分の時間とお金を割いて、ボランティアでやっている人がほとんどである。もちろん、なかにはこれで権力を手にしようという人がいないわけでない。しかしほとんどの人は、無料奉仕しているのである。したがって多少のミスを犯したとしても、それは大目に見るべきではないだろうか。これまで関わってきた工学系の学会では一度も見たことのない、過酷な叱責を何回か目にした。

しかし、そうはいっても私はこの学会に愛着を感じていた。金融工学をわが国に定着させるためのベースキャンプは、ここだったからである。また私と刈屋氏の間には、わが国の金融工学を世界水準に近づけようという共通の目標があった。このため私は同氏の要請を受け入れて、会長職を引き受けたのである。

2年間の会長時代を振り返れば、可もなく不可もなくつとめあげたというあたりだろうか。年2回の研究発表会、企業関係者との懇談会、和文誌の編集、コロンビア大学と共催の国際会議等々、予想を上回るロードだったが、ヘビー・デューティの刈屋路線をすぐ変更するわけにもいかなかった。私が行った唯一の改革は、事務体制を整え、特定の個人に過大な負担が生じないようにしたことくらいである。

2年の任期を終えるにあたって、エンジニア仲間はもう一期会長をつとめるべきだと言ってくれた。しかし私には次の仕事が待っていた。理工系大学としてははじめての、金融工学を研究するためのセンターが東京工業大学に創設され、私がそのセンター長をつとめることになったのである。この両方を兼ねることは自分の能力を超えていた。

会長としての2年間、精一杯頑張ったつもりだったが、経済学者や統計学者たちにとって、エンジニアが会長をつとめるのは、あまり愉快なことではなかったかもしれない。私が経済学者に警戒心を抱いているということは、経済学者たちには分かっていただろう。相手に対する警戒心は対称な構造を持っているから、経済学者たちも私を警戒していたにちがいない。

会長になって、いわゆる「無能レベル」に到達することはなかったものの、やはり経済／統計学者とエンジニアたちのまとめ役は荷が重すぎた、というのが偽らざるところである。

11▼本丸突入——経済学者との対決

1980年代には、われわれの工学的論文を受け入れてくれるジャーナルは、世界を見わたしても『マネージメント・サイエンス』誌くらいしかなかった。しかし90年代になると、JAFEEの英文論文誌などが創刊されて間口が広がる。

また1990年代後半には、2つの専門誌が創刊されるとともに、米国の『オペレーションズ・リサーチ』誌が金融工学部門を創設した。さらにその他の有力な工学系ジャーナルがファイナンス特集号を組むなど、門戸はさらに広がった。90年代に入ったころには、金融工学は、工学としての地位を確立していたのである。

幸運なことに、私はこれらのジャーナルの編集委員をつとめることになった。したがって、もはや経済学者が取り仕切っている敷居の高いジャーナルに論文を投稿して、酷評を受けるリスクを取る必要はなくなったのである。

1988年にファイナンスに本格参入した私は、「MADモデル」と大規模な平均・分散モデルを効率的に解く方法である「コンパクト分解」で、この分野の専門家としての足場を築いた。また91年に『マセマティカル・ファイナンス』誌の編集委員に加えてもらったことや、その後スタートした様々なジャーナルの編集委員になったことで、国際的知名度を獲得することにも成功した。

しかしわれわれの研究は、経済学者から見れば〝たんなる計算〟の域を出ないものだった。彼らに一目おかせるためには、経済学の土俵で純理論的な論文を書かなくてはならないのだ。

経済学者とは別の土俵で戦おうと考えていた私は、彼らの評価はどうでもよいと思っていた。しかしそうはいっても、この世界の基礎は経済学者によって築かれたものだから、けっして経済理論を無視することはできない。エンジニアの任務は、使えるすべての道具を用いて、ファイナンス（お金）の問題を定式化しそれを解くことである。そのためには、経済理論の基礎もきちんと押さえておかなくてはならない。

資産運用理論の出発点であるマーコビッツの平均・分散モデルが、シャープのCAPMによって脇役の地位に落とされてしまったことはすでに述べた。エルトン゠グルーバーの教科書でCAPMを知ったとき、私は稲妻に打たれたようなショックを受けた。「何という美しさ。経済学者はこんな手品を使うのか!!　これでは、マーコビッツがやられたとしても仕方がない」

私はシャープのマジックに脱帽した。しかし何回もそれを読み返すうちに、いくつもの疑問が湧き上がった。「果たしてこの理論の前提は、実際の資本市場で成り立っているのだろうか？」そこでいろいろな論文や書籍にあたってみたが、１９７７年に書かれたリチャード・ロールの論文を読んで、この理論を統計的に検証するのはほとんど不可能であることを知った。理論としては美しいが、その正しさをデータによって実証することはできないのである。このような理論は、経済学としては意味があるかもしれないが、実際の資産運用に使うとなると話は別である。

ＣＡＰＭをもとに資産運用するということは、実験で確認されていない物理理論をもとに、ロケットを設計するようなものである。ロケットなら落ちるからすぐ分かるが、市場が好調なら理論が間違っていてもうまくゆく場合もある。

ＣＡＰＭについて分からないことは、これ以外にもあった。「資本資産価格付けモデル」と呼ばれているにもかかわらず、ここには各資産の価格が何によって決まるかの説明が十分になされてないのである。分かることは、〝現在の資産の価格は、将来の価格の期待値を適正なリスク・プレミアムで割り引いた現在価値と一致する〟、ということだけである。

しかしこれでは、現在の株価を計算することはできない。現在の適正な株価を求めるには、将来の株価の分布が必要となるが、将来の株価は現在の株価に依存して決まるからである。では、現在の株価はいったい何によって決まるのか？

この問題に対する手掛かりは、１９６０年代に書かれたモッシンの論文にあった。余談であるが、

ＣＡＰＭは当初シャープ＝リントナー＝モッシンのＣＡＰＭと呼ばれていたが、ひところからシャープ＝リントナーのＣＡＰＭと呼ばれるようになった。モッシンがノルウェーの経済学者だったために外された、というのが私が聞いた噂である。「米国人はロシア人同様、自分の国以外の人の業績を正当に評価しないという悪いクセがある」と言ったのは、ギリシャ人であるパノス・パルダロス教授（フロリダ大学）である。

モッシンのアプローチは、ワルラス以来の均衡理論に基づくもので、私には昔から馴染みのあるものだった。しかしモッシンの興味は、具体的な価格式を求めることではなく、均衡理論の立場からのＣＡＰＭの基礎づけだった。

そこで私は、この方向から株価問題にアタックし、ある複雑な連立1次式に到達した。この方程式が解けて、その解がゼロ以上の値を持てば、それが各資産の均衡価格を与えるというわけである。

しかし、この方程式はあまりにも入り組んでいて、とても解析的に解けるとは思えなかった。最初に解けないと思ってしまえば、問題はけっして解けない。解けると直観した問題は、80％の確率で解ける。これが30年間の研究者生活で私が得た教訓である。

その後3週間この式とにらめっこしたが、まったく手掛かりがない。ダメなものはダメと諦めたが、私はこの件を白川浩助教授に話してみることにした。この問題へのアプローチと途中のプロセス、そして最後に得られた方程式をまとめたメモを渡し、この方程式が解ければ、これまでにない結果が得られるはずだということを説明した。

黙って話を聞いていた白川氏は、「しばらく考えてさせて下さい」といって退室した。その際私は、「多分解けないから、あまり本気で考えてくれなくてもいいよ」と付け加えることを忘れなかった。忠実な白川助教授は、上司の依頼であれば、すべてを放棄してこれに取り組むかもしれないからである。自分で解けないと思っている問題で、後輩に過度な負担を強いるのは申し訳ないことである。

しかしその3日後に、白川氏は美しい答えを携えて現れた。おそらく白川氏はこの式を見たとき、解けると直感したのだろう。このとき以来、私はこの人に頭が上がらなくなった。

予想どおり、この公式はわれわれにいろいろなことを教えてくれた。最も重要なことは、株価は人々の将来に対する期待によって決まるという事実である。強気市場（ブル市場）では株価が上がり、弱気市場（ベア市場）では下がる。これは昔から分かっていたことである。しかしわれわれは、「市場平均貪欲度」と呼ばれる係数を用いて、これを定量的に表現することに成功したのである。またこの公式をもとに、合理的な投資家たちが集まる市場で、なぜバブルが発生するかについても明らかにすることができた。

そこでわれわれはこの成果をまとめた論文を、『マセマティカル・ファイナンス』誌に投稿した。編集長によれば、二人のレフェリーはどちらも均衡モデルの大家ということだった。当然審査は詳細をきわめた。細かな点の1つ1つまで問合せがあったが、レフェリーからやってきた最後の手紙には、「この論文によって、私ははじめてCAPMの本質を理解することができた」という文章が付け加えられていた。こうして私は、経済学の本丸に乗りこんで、一流の経済学者との出稽古を乗り切ったのである。

後日私は、学生を通して白川氏がこの結果について、「ファイナンスでは、ふつうああいうふうには考えないものだ」と言っていたことを知らされた。先端的ファイナンスを勉強していた白川氏には、古典的なワルラス流のアプローチは馴染みがなかったのだ。

この論文が審査中だった1994年に、私は関西の大学で開かれたシンポジウムに招待され、30人ほどの経済学者を前に講演することになった。あらかじめ論文を提出し、審査を受けることになっていたため、私は『マセマティカル・ファイナンス』誌に投稿した論文の最終バージョンを送った。もう審査をパスしたものなので、スンナリ行くと思っていたところ、実行委員長から電話がかかってきた。

「困ったことに、レフェリーから不採決の通知がきてしまいました」

「え？　あれはもう一流誌に載ることが決まっているんですよ」

「でもレフェリーによれば、××の式とその前提に本質的な誤りがあるということです」

「いやいや、それはよくある誤解です。当日きちんと説明しましょう」

「しかし、レフェリーはダメと言っているので、論文を取り下げてもらうわけにはゆきませんか」

「取り下げるのはかまいませんが、著者の主張とレフェリーの主張が食い違ったとき、レフェリーの意見だけで最終決定するのは公平とはいえませんね。当日その場で議論すれば、かえって面白いんじゃありませんか？」

オーガナイザーは、レフェリーをつとめた大物経済学者に遠慮しているのだ。そこで私は、オーガナイザーの顔がつぶれないように、自主的にこの発表を取り下げた。もう一流誌に掲載が決まっているから、別にここで頑張る必要もなかったからである（金持ちケンカせず、である）。しかし、その後何日かしてまた電話がかかってきた。

「委員会で協議した結果、やはり発表していただこうという結論になりました」

再びオーガナイザーの顔を立てるために、私は発表を引き受けた。会場にはプリスカとコンスタンティナイディスという大物たちのほか、東京からやってきた経済学者数人と、関西系の経済学者が十数人集まっていた。

この面々を見て、私にはクレームを付けてきたのが誰であるのか大よそ見当がついた。おそらく相当なバトルになるだろうが、心配することはない。結果が正しいことは分かっているのだから、冷静に対応すればよい……。

ところが私の講演がはじまる直前に、東京勢のエコノミストは帰りの新幹線の乗車時間を理由に、ほぼ全員が退席してしまった。発表は空席が目立つ会場で淡々と行われた。そしてこのときを境に、私の金融経済学者に対する対抗心は消えた。

われわれが得た結果は、ＣＡＰＭの古くからの懸案を解決したものだった。しかしこのころは、もう女王の威光には影がさしていた。ロールの批判がボディブローとなって、じわじわと力を失っていた。

もし私が１９７０年代、遅くとも80年代のはじめにこの定理を証明していれば、もう少し有名になれたかもしれない。しかし私は、遅れてやってきたエンジニアだった。エコノミストに一矢報いたが、残念ながらこのころのＣＡＰＭは、昔ほどの力を持っていなかったのである。

この後私は、この定理を一般化した3編の〝経済学者風〟論文を書いた。そしてこれらの結果を、「新規上場株の価格付け」などの現実問題に応用すべく努力した。しかしその努力は実を結ばなかった。均衡理論は理論としてはきわめて美しい。しかしそれを現実問題に応用するのは難しい、ということを再確認する結果に終わったのである。

る。この意味で β_j が大きい銘柄はハイリスク・ハイリターン銘柄である。

(b) (1)式を変形すると、現在の株価 P_j と将来の株価 Q_j（これは確率変数）の間には、

$$P_j = \frac{Q_j \text{の期待値}}{1 + r_o + \beta_j (r_M - r_o)}$$

という関係が成立する。これがCAPMの価格公式である。

確実なキャッシュ・フローであれば、Q_j を $(1 + r_o)$ で割り引いたものが P_j になるのに対して、Q_j が不確実な場合には、無リスク金利 r_o に $\beta_j (r_M - r_o)$ を追加した分で割り引くことが必要だというのである。このため $\beta_j (r_M - r_o)$ は、S_j のリスク・プレミアムと呼ばれている。

1960年代から80年代半ばにかけて、CAPMは金融経済学だけでなく、コーポレート・ファイナンスの基礎理論として一世を風靡した。たとえば企業の資本コストを計算するためには、いまもこの公式が用いられている。

現在では、この理論をそのままの形で信じている実務家はほとんど居なくなった。もともとこの理論は、すべての投資家が合理的で平均・分散モデルにしたがって投資を行うこと、市場に関する完全な情報を共有していることなど、いくつもの非現実的な前提を必要とするから、実際の市場でこれらの関係が成り立つとしたら幸運というものである。また、より本質的な問題は、市場平均ポートフォリオの定義が明確でない点である。投資家の中には、東京証券市場を対象に投資を行っている人もいれば、世界市場を対象としている人もいるため、市場平均は一意的に定まらない。したがって、実際の市場でこの理論が成り立つことを検証するのは、ほとんど不可能だと考えられている。

Column #05

CAPM

CAPM（Capital Asset Pricing Model，キャップエムと発音する）とは、1960 年代半ばに経済学者たちが平均・分散モデル（MV（Mean Variance）モデル）に基づいて組み立てた経済モデルである。平均・分散モデルが、合理的な個人の投資行動を説明するためのモデルであるのに対して、CAPM は合理的投資家たちが資産を取引する資本市場における資産価格を分析するモデルで、その最も重要な結論は次の 2 つの定理である。

定理 1． 合理的な投資家は、市場平均ポートフォリオ（たとえば TOPIX）と無リスク資産（たとえば短期国債）のみに投資するのがベストである。

定理 2． 個別の資産 S_j の収益率 R_j の期待値 r_j と、市場平均ポートフォリオの収益率 R_M の期待値 r_M の間には、次のベータ関係式が成立する。

$$r_j - r_o = \beta_j (r_M - r_o) \qquad (1)$$

ここで r_o は無リスク資産の収益率で、β_j は

$$\beta_j = \frac{R_j \text{との} R_M \text{間の共分散}}{R_M \text{の分散}} \qquad (2)$$

で与えられる定数である。β_jを資産 S_jのベータ値と言う。

定理 1 は、“投資家は（平均・分散モデルは忘れて）インデックス運用に任せればよい”という根拠を与えるものである。一方、定理 2 については様々な解釈が可能であるが、特に重要なものは、

(a) r_M が 1% 上昇（下降）すると、r_j は β_j%だけ上昇（下降）す

12▼理財工学と金融工学

1995年秋、私は約5年間の研究成果をまとめた書物、『理財工学Ⅰ』を出版した。それまで出した何冊かの本のほとんどが、他人がやった仕事を学生や社会人向けに紹介することを目的にした標準的教科書だったのに対して、この本ははじめから終わりまで、自分たちがやったことをまとめた専門書である。

内容には自信を持っていたが、たくさん売れるはずはないと考えていた。教科書というにはややバランスを欠いているし、学生には数学のレベルが高すぎるためである。実際には9年間で4000部以上も売れたのだから、この種の本としてはまずまず健闘したというべきであろう。

もしこの本のタイトルが『理財工学』ではなく、『資産運用理論』もしくはよりストレートに『金融工学』だったら、(ついうっかり)買ってくれた人がもう2000人くらいはいたかもしれない。ちなみに、この直後に同じ出版社から出た木島正明氏の『ファイナンス工学入門』は、1万部に迫る売上げがあったという。これなら何の本かすぐ分かる。
しかし、私にはどうしてもここでは『理財工学』としなくてはならない理由があった。そこでこの本のはしがきから、その一部を引用しよう。

「資産運用に関わる工学的研究に関する名前については、英語圏ではすでに“financial engineering”という言葉が定着している。一方わが国では、この分野に対して1ダースを超える名称が使われている。このような状況の中で、筆者は一貫してこの分野を理財工学と呼ぶことを提案してきた。

その理由はいくつかあるが、まず第1は新しい専門分野をわが国の中で定着させるためには、やはり適切な日本語が必要とされると考えたためである。カタカナ名は専門家には受け入れられても、なかなか一般に普及しないうえに、多くの場合短命に終るというジンクスがある。第2は、お金に関わる研究はとかく胡散くさく見られ勝ちだから、この分野にはとりわけ格調高い名前が必要だと考えたことである。

そこで2ダースほどの候補を検討した結果、明治のはじめに福沢諭吉らによって、〝エコノミックス〟の日本語名として考案された〝理財学〟を復活させるのが最も適切だという結論に落ちついた。エコノミックスが経済学に変身してからというもの、理財学は久しく空席になってきたが、念のため広辞苑をひもとくと、この言葉の意味として〝貨財を有利に運用すること〟と記されている。資産運用に関する工学的研究には、「理財工学」がうってつけだと考える所以である。（経済学者がこの名前を空席にしてくれたことに感謝せずにいられない）。（後略）」

ここには様々な思いがこめられているのだが、本のはしがきに書けることはこの程度が限界だった。そこで以下に、この文章の行間を少々補足することにしよう。

すでに書いたとおり、私のもともとの専門分野は数理計画法である。数理計画法は、いまではそれ自体一つの学問領域として成立しているが、従来オペレーションズ・リサーチ（ＯＲ）の一分野として位置づけられてきた学問である。

さて私の頭の中でいつも気になっていたのが、「オペレーションズ・リサーチ」という名称である。これは、第二次大戦後米国で急発展した「Operations Research」を、そのままカナ文字に置き換えたものである。この学問はただちに日本に導入され、米国に遅れることわずか5年にして、１９５７年に「日本オペレーションズ・リサーチ（ＯＲ）学会」がスタートしている。

１９６１年に工学部に進学した私は、たちまちＯＲの魅力の囚《とりこ》になった。当時のＯＲは、後のＡＩ、そしていまで言えばＩＴに相当する流行語だった。しかし流行は移ろいやすく、私が研究者として活動をはじめた70年代はじめには、もう花形ではなくなっていた。むしろ初期の華々しさが裏目に出て、「役に立たないＯＲ」だとか、「難しい数学をひねり回すペダンティックな学問」、というレッテルを貼られることが多くなったのである。

数学もしくは数理を前面に出しすぎたために、ＯＲ学会は敷居が高い学会として敬遠され、学会員も３０００人程度で足踏みする一方、本来この学会に迎え入れるべきだった研究者たちは、次々と新しい学会を設立して活動を行うようになった。またＯＲ学会の存在をアピールする際に、一般の人や経営者に対しては、オペレーションズ・リサーチという横文字が足かせになってしまった。

ＯＲは私にとっては母なる大地である。このように内容豊富な学問に対する世間の認知度が低いのは、そのネーミングに問題があるのではないか。こう考えた私は、１９８１年にＯＲ学会の招待講演で、学会の発展のためには、日本語の学会名を考える必要性があることを訴えた。そのうえで、たとえば「運用科学会」や「応用理財学会」という名前がどうだろうか、応用理財の頭文字を取ればＯＲになると提案した。この提案は若い人たちの間ではそれなりの評価を得た。しかし私より世代が上の人たちから見れば、折角苦労して育ててきたＯＲを、いまさら日本語に移しかえることには強い抵抗があった。

もしこのとき以来継続的にキャンペーンを行っていれば、学会内に検討委員会が設立され、知恵者たちがいい名前を考えてくれたかもしれない。そうなっていれば、いまでは５０００人くらいの大学会に育っていた可能性もある。しかし当時の私はまだ駆け出しだったから、強い主張はできなかった。

それからしばらくして、私は司馬遼太郎のエッセイの中で、「カタカナ名短命論」を読む機会があった。「わが国でカタカナが使われるのは、原則として一時的な流行を想定としたものである」というのである。この文章を読んで、日本語名を放棄した時点で、ORは大きなハンディキャップを負っていたことを知った。

それからさらに数年後、私は現代数理科学事典の中の「数理計画法」の項の執筆依頼を受けた。フィールズ賞を受賞した広中平祐教授を編集委員長に戴く、数理科学の世界すべてを網羅する大事典である。数理物理学からはじまって、数理化学、数理生物学と続き、基礎数理にいたる19分野の中の17分野が、4文字ないし5文字の漢字名を持つ中で、第12項目の〝OR〟はひときわ異彩を放っていた。「いったいこの納まりの悪さは何だろう？」これがこのときの印象だった。

長くなったが、「Financial Engineering」に本格参入するにあたって、この分野の名称として、格調の高い4文字の漢字名が必要だと考えたのは、以上のような背景があったためである。

当時この分野に対しては、「クオンツ」「証券計量学」「ファイナンス工学」「ファイナンシャル・エンジニアリング」「ポートフォリオ工学」「投資科学」など様々な呼称が使われていた。なぜ「金融工学」が使われなかったのかについては、すでに書いたのでここでは繰り返さない。

いろいろ考えた挙げ句最後に残ったのは、「投資工学」と「理財工学」の2つだった。前者は資産運用理論にはピッタリだが、「Financial Engineering」全体をカバーするにはやや狭すぎる。一方、後者は格調高いが古めかしい。迷った挙げ句、結局格調を重んじて「理財工学」を選んだのである。

「Economics」は、当初の希少な資源の効率的運用を扱う学問「理財学」から、経国済民（経世済民）の学問「経済学」に版図を拡大し、世の中すべてを取り仕切ろうとしていた。ともかく彼らは、自分たちの学問に対して強い（あまりに強すぎる）自信を持っているのだ。

ここで、『アメリカンマインドの終焉』の著者である、米国の社会学者アラン・ブルームの言葉を紹介しよう。

経済学者は社会学を知らないがそれは許そう。
経済学者は法学を知らないがそれは許そう。
経済学者は心理学を知らないがそれも大目に見よう。
許せないのは、彼らが経済学ですべてを説明できると考えている傲慢さだ。

正確とは言えないが、大体こんな内容だったはずである。経済学者に対する批判は様々あるが、人々が経済学者に対して抱いているイメージを、これほどはっきり言い切った人はほかにいない。

私がファイナンスに参入した理由の1つは、エンジニア・スタンダードでこの分野に取り組まなくてはならないと思ったことである。そうであるならば、理財学から経済学に脱皮したときに経済学者が失った謙虚さで、〝希少な貨財の効率的運用〟を目指すには、「理財工学」が最適だと考えたのである。

その後この言葉は、徐々に世の中に受け入れられていったのであるが、ここにやってきたのが1996年の「金融ビッグバン宣言」である。このあと発生した第2次金融工学ブームの中で、ジャーナリズムでは「金融工学」があたり前となってしまった。もはやこの流れに抵抗してもはじまらないのは承知であるが、私は依然として大学での講義のタイトルを、「理財工学」から「金融工学」に変更する意思はさらさらないのである。

13 ▼ ルーエンバーガー・ショック——傑出した教科書現る

私はエルトン゠グルーバーの教科書でファイナンス理論のイロハを勉強した。これはビジネス・スクール向けのテキストだから、数学的に難しいことは何も書いてなかったが、この分野の概略を知るうえでは、まことによくできたテキストだった。以後学生たちに尋ねられたときには、私はいつもこの本を薦めることにしてきた。

初版が出たのが１９８１年で、２００２年には第6版が出ているから、米国では良く売れているのだろう。ファイナンス後進国の日本では、米国で人気の教科書はすぐ翻訳される。実際、80年代末と90年代末の2度の金融工学ブームの折には、米国の教科書が次々と翻訳され、大手書店の書棚を賑わした。なかにはオヤオヤと思わせるものまであったが、なぜかエルトン゠グルーバーの翻訳は出なかった。エンジニアにとって良い本は、経済学者から見ると悪い本（*vice versa*）なのかもしれない。

自分で購入したファイナンスの教科書は、おそらく50冊を下らないだろう。和書の中では、三浦良造氏（一橋大学）と木島正明、刈屋武昭、森平爽一郎氏（慶應義塾大学）らの一連の著作は、いろいろな意味で大変勉強になった。また米国のものでは、ジャロー の『金融理論（*Finance Theory*）』やドーサンの『金融市場における価格（*Prices in Financial Markets*）』なども読みやすい本だった。これに比べると、インガソルの『金融意思決定理論（*Theory of Financial Decision Making*）』や、カラッザス=シュレーブの『数理ファイナンスの方法（*Methods of Mathematical Finance*）』などは、買ってはみたものの、とても全部を読み通せるようなものではなかった。

読みにくい本はいろいろあるが、最も苦労したのはダレル・ダフィーの『資産価格の理論（*Dynamic Asset Pricing Theory*）』である。

文章の簡潔さを表すときに、英語では "terse" という言葉を使うが、数学の教科書を除けば、いまだかつて私はこれ以上簡潔な教科書を見たことがない。全体で300ページに満たないこの本には、ふつうに書けば500ページ以上の内容が盛られている。アロー=ドブルーの価格理論と、ハリソン=クレプスの無裁定価格理論をベースにした教科書であるが、記述にまったくムダがないため、10ページを読むのに何日もかかるのである。

私は経済学を本格的に勉強したわけではないが、それでも均衡モデルや無裁定理論については、それなりの知識を持っていたつもりである。しかし学生諸君との輪読会は、半年かかって半分しか進まなかった。私はこの過程で、重要な定理の証明を演習問題に回す著者の人柄を想像していた。

ダフィーは、スタンフォード大学ビジネス・スクールのスター教授である。もともとは同じ大学の工業経済システム学科出身のエンジニアであるが、OR学科出身のクレプス同様、早々と経済学者に変身した。頭が良く、カッコ良く、意地悪な経済学者、これがこの本から得た著者のイメージである。その後何回か、私はこの人物と言葉を交わしたことがあるが、この予想はあたっていた。

この本は、後に4人の若手ファイナンス研究学者によって日本語に翻訳されたが、私はそれを読む気にはならなかった。あれを日本語に訳したところで、分からないものは分からないからだ。このような難解な本は、経済学者が後進をしごくために書いた本だろう。ところがその一方で、エンジニアが後進を育てるために書いた素晴らしい教科書も存在するのである。それが、ダフィーの師にあたるデービッド・ルーエンバーガー教授の『金融工学入門（*Investment Science*）』である。

ルーエンバーガー教授は1936年生まれだから、私とは4つしか年が違わないが、スタンフォード大学に留学したとき、この人は隣の学科の準教授をつとめていた。そして3年後に私の博士論文の審査委員をつとめたときには、正教授になっていた。スタンフォード大学には、20代で正教授になった人もいるが、30代前半で正教授になるには、相当な業績がなくてはならない。

スタンフォード大学でそうであったように、この人は日本でも教科書作りの名人として人気があった。1969年の『ベクトル空間手法による最適化（*Optimization by Vector Space Methods*）』

や、75年の『線形・非線形計画法入門（*Introduction to Linear and Nonlinear Programming*）』は実に良くできた教科書で、これを読んで痺れた人は数知れない。また80年代には、制御理論とミクロ経済学の教科書を書き、テキスト・ライターとしての名声を不動のものとした。

もともとこの人は制御理論の専門家であるが、「工業経済システム」学科の所属だったため、次第に経済システムに研究分野をシフトさせ、１９８０年代後半にファイナンスに参入した。弟子のダフィーがこの分野でスターになったのを見て、刺激を受けたのがきっかけだという。

１９９１年の暮れに、ユダヤ人グループのドン、ピーター・ハマー教授（ラトガーズ大学）から、同氏が編集長をつとめるジャーナルの金融工学特集号の編集を依頼されたとき、１人で引き受けるのは無理だと考えた私は、この仕事をＫＬＭトリオで行う計画を立てた。ＫはKonno、ＬはLuenberger、そしてＭはプリンストン大学のJohn Mulvey教授である。マルベー教授はＵＣＬＡ出身の経済学者であるが、やっている仕事は資産運用にかかわる実務的研究である。

古くからの研究仲間であるマルベー教授はただちにこの提案を受け入れて下さった。一方のルーエンバーガー教授も、「Financial Engineering」という言葉がお気に召さなかったようであるが、この仕事を引き受けて下さった。

編集の最終段階で、スタンフォード大学を訪れ打合せを行う過程で、私はルーエンバーガー教授から米国の金融工学事情について話を聞く機会があった。本書の30ページで紹介した同氏のコメントは、このときのものである。この分野には、より多くのエンジニアの参入が必要だという点で、われわれは大いに盛り上がったが、このとき手渡されたのが、『投資科学（*Investment Science*）』という教科書のドラフトだった。

コメントを送るよう依頼され私は、帰国後この本をざっと〝眺めて〟てみたが、率直に言ってやや失望を覚えた。ルーエンバーガー教授にしては、ありきたりな内容のように思えたからである。しかしその6年後の1998年に、オックスフォード大学出版会から刊行された『投資科学』を読んで、私は大変なショックを受けた。名教科書ライターの名に恥じぬ素晴らしい出来だったからである。素晴らしいなどというありきたりな言葉では表現できない、〝傑出した〟教科書がそこにあった。

おそらく私がもらったファースト・ドラフトをベースに、多くの学生や同僚のアドバイスを取り入れて、改訂に改訂を重ねたのだろう。私はこの本を読んで、エンジニア向けの金融工学の入門書はこれできまりだと断定した。実際この本は、現在も米国の工学系大学院の標準教科書として広く利用されている。

この本の素晴らしさは、その例題群にある。第1部で導入されたやさしい例題に、章を追うごとに様々な要因が追加され、ついにはきわめてややこしい現実問題の解決につながるのである。

ダフィーが1つの例題も用いずに、きわめて簡潔な説明で終始するのに対して、ルーエンバーガーは例題によって具体的に理論の内容を検証し、現実問題を解いて見せる。エンジニアとエコノミストの違いをこれほど明確に示した2冊の教科書を、先生と弟子が書いたというのは、誠に面白い取り合わせである。

『理財工学I・II』という、専門家養成のためのテキストを書いた私は、いつの日か広く一般のエンジニア向けの教科書を書かなくてはならないと考えていた。しかし、この教科書を見てその考えは消しとんだ。たとえ10年かけても、私にはこれをしのぐ教科書を書くことはできない。おそらく現在このようなテキストを書ける人は、ルーエンバーガー教授しかいないのではなかろうか。

これだけ評判になった本であれば、誰かが日本語訳を考えるだろうと思ったが、2年たっても訳本は出なかった。そして結局は、私自身がこの本を翻訳することになったのである。600ページもある本なので、研究仲間の鈴木賢一（東北大学）、枇々木規雄（慶應義塾大学）両氏に協力を求めて翻訳作業を行い、2002年4月に、『金融工学入門』のタイトルで日本経済新聞社から出版した。

学生でも買えるよう、定価を5000円以下に抑えたことが幸いして、1年間で約5000部が売れた。原著はアマゾンで80ドルしているが、この訳書は46ドル（=4800円）で買える。ファイナンス関係の本の場合、原著が1万円なら、訳書にはその倍近い値段を付けるのがふつうである。したがって、この本ももう少し高くしておいても売れただろうが、これはエンジニアと編集者の心意気というものである。

原著者が、私同様「金融工学」という言葉がお好きでないことは承知していた。しかし、この本がより多くの若者の手に届くために、私は出版社の意向をルーエンバーガー教授に伝えて了解をとったのである。

が生み出すキャッシュ・フローと同じキャッシュ・フローを複製できるならば、Aの現在価格は、株1単位と無リスク1単位を組み合わせたものの値段と一致しなくてはならない。

スタンフォード大学OR学科出身のトリオ、ハリソン=クレプス=プリスカが組み立てた派生証券価格付けの理論は、ある条件の下で“派生証券価格は、将来の不確実なキャッシュ・フローの（同値マルチンゲール測度を用いて計算した）期待値と一致する”ことを示したものである。

ところが、無裁定条件によって価格が決まる商品は限られている。たとえば株式の価格を求めるには、これとは別の考え方が必要である。

価格理論の中で最も古くから研究されてきたのが、「均衡価格理論」である。ここでは、各商品の生産量と需要量を価格の関数として表し、この両者が一致するところで価格が定まると考える。生産量と需要量はいずれも価格の非線形な関数となるため、価格を求めるには、非線形方程式の根（の中で値がゼロ以上のもの）を求めなくてはならない。したがって、東京証券市場の株式の均衡価格を求めるためには、1500変数に関する1500本の方程式を解かなくてはならない。

1995年の論文でわれわれが示したことは、

(1)　平均・分散モデルの下ではこの方程式が連立1次方程式になり、それが解析的に解けること、

(2)　その解が0以上の値を持つための必要十分条件は、市場平均貪欲度（投資家が市場に対して求める期待収益率の平均値）が市場平均収益率以下になること、

など、である。

Column #06

無裁定価格と均衡価格

期待効用最大化原理と並ぶ、ファイナンス理論の２大原理の１つが、無裁定原理である。これは“金融市場には、元手なしに確実な利益を手に入れるチャンスは存在しない”という原理で、“ノー・フリーランチの原理”とも呼ばれている。

この原理を認めると、将来同一のキャッシュ・フローを生み出す２つの金融商品ＡとＢは、同じ価格を持たなくてはならない。なぜなら、Ａの価格がＢより高いときには、Ａを売ったお金でＢを買い、その差額をポケットに入れ、それから先は、Ｂから得たキャッシュ・フローを売却したＡの負債の支払いに充てれば、(ＡとＢから得られるキャッシュ・フローは同一だから）プラス、マイナス、ゼロとなり、ポケットに入れたお金がそのまま残るからである。

“一物一価の原理”を体系化した無裁定原理は、市場での取引にコストがかからない場合には、誰もが納得せざるをえない原理である。ところがこの自明と思われる原理が、オプションなどの金融派生証券の価格付けに決定的な役割を果たすのである。

いま不確定なキャッシュ・フローをもたらす金融派生商品Ａがあったものとしよう。この商品の価値は、投資家の効用関数に依存する。それは宝くじを買う人と買わない人の言い分を聞けばよく分かる。買う人は、将来の不確定な賞金が現在の投資を上回る価値を持つと考えているのに対して、買わない人は逆のことを考えているのである。

ところが、もし２つの商品ＢとＣ（たとえば株と無リスク債券）をそれぞれ１単位ずつ組み合わせると、どんな場合でもＡ

14▼文・理融合というフィクション

1996年6月、東京工業大学に新たな部局が誕生した。その名は「大学院社会理工学研究科」である。経営システム工学科、社会工学科という2つの学科と、一般教育対応の人文・社会群、教育群、保健体育群などが相互乗入れで設立した組織である。

かねてより国立大学の間では、大学院重点化にあたって、一般教育組織をどのように位置づけるかが大問題になっていた。教育よりも研究が上位に位置する国立大学においては、Aランクが大学院の専攻課程、Bランクが学部専門課程（いわゆる学科）、そしてCランクが低学年の一般教育を担当する組織である。

このため一般教育担当教官は、長い間文部科学省公認の下に、予算、権限その他あらゆる面で厳しい差別を受けてきた。筑波大学で一般教育担当教官として過ごした8年間、私はたっぷりこの差別を体験させていただいたが、専門教官たちは、われわれをティーチング・マシーン、もしくは使い捨ての単純労働者と見なしていた。

どの組織にも差別はつきものだが、公務員の差別は制度として確立されているのだからすごいものである。

文部科学省の基準からすれば、一般教育組織の大学院への格上げは、軍隊用語で言えば二階級特進であり、たとえ東京工業大学といえども認めてもらえる可能性は小さかった。唯一の方法は、一般教育教官を専門教官と攪拌して、新しい組織を作ることである。このために協力を求められたのが、経営システム工学科と社会工学科である。そして2年あまりの激論の末に生み出されたのが、「社会理工学研究科」であった。その設立の理念は、文・理融合によって理工系オンリーの東京工業大学の新しい地平を拓くこととされていた。

文・理融合で思い出すのは、インターディシプリナリー・アプローチ（学際的アプローチ）である。人口問題、エネルギー問題、環境問題などの広範な領域にまたがる問題を扱ううえで、理工系の学問と文系の学問を融合したアプローチが必須であると言われるようになったのは、１９６０年代のことである。しかし、このようなプロジェクトが成功したケースは限られていた。

理由はいろいろあるが、つまるところ異なるディシプリンは、それぞれ独自の方法や価値観に支えられているためである。経済学と社会学の折合いの悪さは古くから良く知られているが、それ以外の文系の学問同士も仲が良いわけではない。文系の中ですらそうなのだから、「真理とは役に立つことなり」という単純極まる理念を掲げるエンジニアたちと、原理原則を重んじる文系の研究者が折合いをつけるのは、容易なことではない。

このため1970年代には、インターディシプリナリー研究に対する幻滅感が広がる。以来、文・理融合という言葉は、〝言うは易し、行うは難し〟の見本と見られてきたのである。そのうえ、度重なる初等中等教育カリキュラムの改訂によって、2つの文化の間の垣根は40年前に比べて途方もなく広がったから、ますます協力体制を組みにくくなってしまった。

こんなときに文・理融合を唱えても、文部科学省が信じるはずがない。しかし、文部科学省は結局東京工業大学の提案を受け入れたのである。これ以外に代案のなかった大学執行部と、これでも受け入れざるをえない文部科学省の事情があったためである。実際、東京工業大学は筑波大学と並んで、つねに文部科学省の意向を先取りして、改革につぐ改革を続けてきた優等生だから、文部科学省としてはこの大学の顔をつぶすことはできなかったのだろう。しかし、このとき文部科学省は大学執行部に対して、文・理融合の理念を生かした具体的な活動を行うことを要求したはずである。

この組織のコアとなるのは、老舗の経営システム工学科である。このため、この学科の教授の中から研究科長を選出すべきだという〝空気〟が生まれる。候補となったのは、私ともう1人の年長教授だった。もしここで「絶対にノー」と言えば、私はこの話を断ることができたはずである。しかし結局私はそうはしなかった。

筑波大学に奉職したときの夢は、誰にも干渉されずに、自分のやりたい研究をやることだった。私が望んだことは、自由な研究環境と何人かのすぐれた学生、それがすべてだった。しかし東京工業大学は、それ以上のものを私に与えてくれた。自由な研究環境はもちろん、潤沢な研究資金、すぐれた同僚と学生たち、そして献身的な事務官である。私の幸運は、すべて東京工業大学が運んできてくれたものである。

これだけのものを与えてくれた大学のために、何らかの貢献をしなくてはならない。こう考える私は、15年の間に完全に東京工業大学マンになりきっていた。長らく一般教育組織に所属したため、100人に及ぶこの組織の教官のほとんどすべてと交流がある自分なら、この組織をマネージすることができるかもしれない……。私にとってこの仕事は、東京工業大学でのキャリアの最後を飾る、ロマンのある仕事のように思われた。

ノーと言わなかった私は、初代の研究科長に選出された。民間の研究員から出発して、一般教育の助教授、教授を経て、専門課程教官に成り上がった男が、一流国立大学の学部長になったのである。

研究科長の職務は、想像以上に時間を取られるものである。毎週6回から8回に及ぶ各2時間ずつの会議、事務局との打合せ、様々な文書作り、対外折衝、そしてもちろん講義と学生の研究指導など、朝10時から夕方5時までは、毎日ビッシリのスケジュールである。

数ある会議の中で最も神経を使うのが、部局長懇談会である。学長、教務部長（いまで言う教育担当副学長）、5研究科長の7人が毎月1回集まって、昼食を取りながら大学の基本戦略を練る会議である。

弱小組織を背負って、大組織の長たちを相手に議論するのは楽な仕事ではない。しかし私は文系集団の中で、レトリックが背広を着ているような人たちと、12年間もわたりあってきたのだ。彼らと比べれば、理工系の部局長たちは、はるかに純朴で〝話しやすい〟相手だった。

新組織に対して好意的だった木村孟学長は、外部に向けてこの組織を積極的にアピールして下さった。また部局長も半分以上は好意的だった。しかし実際には、誰もこの組織が何をやろうとしているか分かっていなかったのである。

学内のハードコア・エンジニアたちは、得体の知れない新組織を優遇する執行部に対して批判の声をあげていた。インターディシプリナリー研究の実体のなさや、文系教官のノンビリした勤務スタイルを知っている古参の教授たちは、当初からこの組織に疑惑を持っていたのである。

その代表者が、長津田キャンパスの司令官、塩田進教授である。百戦錬磨のこの人は、われわれの文・理融合がたんなる作文にすぎないことを熟知していた。そして最初の部局長懇談会のあと、いきなり「文・理融合でいったい何をやるつもりなの？　あなただって知っているでしょう、あの人たちのことを」という言葉を浴びせてきた。

そのときは軽く受け流したが、次の週に開かれた会合でまた同じ言葉が繰り返される。さらに学長の、「世間が期待しているので、何か目立つことをやって下さい」という言葉が追討ちをかける。おそらく、文部科学省からいろいろ言われているのだろう。

こうして私は、何か新しいプランを立てなくてはならない立場に追い込まれた。現有スタッフで、確実に実現できる新しい文・理融合プランとはいったい何なのか。

100人の教官のうち文系教官は約3割である。しかしこれらの教官のほとんどは、この組織にコミットしているわけではない。組織は自分の活動の拠点ではあるが、そのために働こうとする人はほとんどいない。

文・理融合の新機軸を打ち出しても、協力してくれる人がいなければ、絵に描いた餅で終わる。国立大学という組織は、部局長が個別教官に直接指示を出す権限はない。特に、研究活動は個人の聖域であり、自ら関心のないテーマに、教官の積極的な協力を求めてもムダである。そのうえこの文系集団は、一人一人専門分野が異なる一匹狼ときている。

そこで、私は新しいテーマが満たすべき条件を書き出してみた。

(1) 文・理融合であること。
(2) 必ず成功すること、あるいは成功する見込みが十分大きいこと。

た。

(3) 文系教官の実質的な協力を求めなくてもよいこと。

この条件を紙に書いて壁に張った瞬間、私の脳裡を横ぎったのは、7年前に作ったあの文書だった。

1989年末、バブル華やかなりし当時、学長補佐会で理工系学生の製造業離れが話題に上がったことがある。このとき末松安晴学長は、エンジニアでありながらお金の研究に手を染め、しかも週刊誌に株の連載記事まで書いた私に対して、この件についての説明を求めた。

私はそのとき、「金融ビジネスが、理工系学生のスキルを必要とする時代になったまでのことです。理工系大学はたんに手を拱いているだけでなく、これに積極的に対応することが求められているのです」と答えた。しかし学長は、苦虫を噛みつぶしたような顔で、この言葉を聞き流した。

当時私は、学生たちが金融機関の甘言につられて、ファイナンスのイロハも知らずに金融ビジネスに参入するのを防ぐには、理工系大学の中にファイナンスを本格的に研究・教育する組織を作る必要があると考えていた。このような組織があれば、学生が〝割引率〟も知らずに、安易に金融ビジネスに流れるのを防ぐことができるはずである。

しかし、まだたいした実績もない男が、このようなことを言っても通るはずはない。それでもひとまず、「理財工学科」設立のための文書だけは作っておこうと考えたのである。

在任中には、けっして実現するはずのないプランだった。金融ビジネスは理工系大学の敵である。その敵に塩を送る組織を、理工系大学の総本山である東京工業大学が全国に先駆けて作ることなど、けっしてありえないことだった。

15▼理財工学研究の拠点づくり

『「超」整理法』でいう神棚ファイルから、「理財工学科構想」文書を取り出したとき、私はこの構想を実現するならいましかないと考えていた。

ファイナンスは、もともと経済学や経営学がカバーしてきた分野である。そしていまもなおこの分野を取り仕切っているのは、これら文系学部である。したがって、工学的アプローチでファイナンスを分析する理財工学は、定義により文・理融合である。これで第一の条件はクリアされる。

1989年当時、私はファイナンス研究者としては駆け出しだった。しかし7年後のいま、この分野のリーダーの1人に成り上がった。研究は軌道に乗り、まだまだ掘り尽せない鉱脈を抱えている。また隣には、白川浩という強力な助っ人がいる。したがって、ここしばらくは研究・教育の実績を十分あげることができるだろう。これで第2の条件もOKである。

しかもこれを研究するうえで、気難しい文系教官の実質的協力を求める必要はない。なぜなら理財工学は、エンジニアたちが自力で切り拓いてきた研究分野だからである。

絶好のテーマを思い付いたが、残念なことに少子化と財政難の中で、国立大学は縮小局面に入っていた。いまとなっては、学科の新設が認められるはずはない。しかし、「学科」構想を「研究センター」構想に書き直せば、通してもらえるかもかもしれない（これが取り返しのつかない判断ミスであることが分かるのは、8年後のことである）。

そこで私は、1997年はじめにA4判で十数ページのプロポーザルを書いた。しかしこの年の最優先課題は、「フロンティア創造研究センター」だった。国立大学としてははじめての、産学協同研究の拠点となるセンターである。このとき東北大学も、実力学長西沢潤一氏の下、ほとんど同じ構想を掲げていた。ここで敗れれば、二度とめぐってこないチャンスである。

第2の順位は、これまでの経過から見て、生命理工学部の大学院重点化構想である。これは以前からの懸案である。有力大学の場合であっても、認められる大きなプロポーザルはたかだか3つまでである。理財工学研究センターは、良くて3番目、おそらくは5番目以下だろう。

文系ネットワークにリンクを持つ木村孟学長は、金融ビジネスで理工系人材が求められる理由と、東京工業大学グループのこの分野におけるプレゼンスを熟知していた。しかし、これまでの順位を覆すとなると、学内の抵抗が大きすぎる。このためこの年は、取りあえず文部科学省に書類を提出するだけの〝頭だし〟に止めることになった。学長の任期はこの年の11月までだから、結局この案は日の目を見ずに終わるだろう――。

しかし、新たに学長に選出された内藤喜之教授は、木村学長以上にファイナンスに親近感を持っていた。新学長は、証券業界の貴公子として知られるN証券副社長のY氏と高校時代の親友で、現在にいたるまで親しく交遊関係を維持しているという。この人は、後にある不祥事に関連してその地位を追われるのであるが、内藤学長はこの人物の高潔な人格を通じて、金融ビジネスにシンパシーを感じていたようである。

当初の計画では、このセンターは8名の専任教官で構成されることになっていた。すでにこのころ、国際的な評価に耐える有力な人材が育ちつつあったから、8つのポストがあれば、これらの人たちを呼び集めて、世界的な研究拠点を作ることができる。MIT（マサチューセッツ工科大学）やウォートン・スクールには及ばないが、世界で十指に入るセンターができるはずだった。

しかし残念なことに、この構想は大学当局の文部科学省に対する自己規制、文部科学省の財務省に対する自己規制によって、縮小を余儀なくされてしまった。

8人ということは、新規ポストが5つ必要になる。「この緊縮財政のもとでは、5人などトンデモない。確実を狙うのであれば、新規ポスト1つがいいところだ」という経理部長の言葉に、私は危くこのプランを投げ出すところだった。文部科学省のパイプ役である経理部長がダメだと言ったら、そこから先に道はない。しかし、いくら白川浩というエンジンがあるからといって、たった3

人や4人で何ができるだろう。

そこで私は、長期的にこのセンターを支えてゆくことになる、白川助教授と肚を割って話し合うことにした。もしこの人が躊躇するようであれば、この構想は諦めよう。私はあと3年で停年になるから、無理なことを他人に押し付けるわけにはゆかない……。

白川氏は計画縮小案を聞いて大憤慨した。

「たった4人でいったいどうしろと言うんですか。とてもこんな案には付き合っていられませんよ」

「分かった。それではこのプランは撤回しよう。私もそれしかないと思っていた」

「え？　やめるんですか。これには日本の将来がかかっているんですよ」

「しかし、その中心人物がノーというからにはやめるしかない。私は、人にやりたくない仕事を押し付けることはしたくない性分なんでね」

「僕はやりたくないと言っているわけではありません。4人でなく6人で交渉してもらえませんか。6人いれば何とかなるかもしれません」

私は再び経理部長と交渉した。

「そう言ってくると思っていましたよ。それでは5人でいきましょう。多分ダメでしょうがそれでいきましょう」

4人が5人でも、構想を大幅に縮小しなくてはならない。しかも結局落ち着く先は4人だろう。白川氏に何と説明しようか。こう考えていたところに爆弾が投げこまれる。東京大学先端科学技術研究センター（先端研）が、「先端経済工学研究センター」構想をぶちあげ、この戦線に参入してきたのである。

この話を聞いて白川氏はパニック状態に陥った。

もし先端研が数学科の楠岡軍団と手を握れば、きわめて強力な組織が出現する。文部科学省は東京大学に甘いから、きっと東京工業大学以上のポストをつけるだろう。そうすれば、われわれが招こうとしている人をすべて東京大学に持って行かれる。そんなことならいっそこんな構想は放り出して、東京大学に呼んでもらったほうがいい。これが白川氏の考えだった。彼にとって、楠岡成雄教授は憧れのスーパースターである。この人に呼ばれたら、何をおいても馳せ参じるだろう。

しかしこれはありえない話だった。楠岡氏は数学界のプリンスである。自ら「数理ファイナンス」研究センターを設立するならともかく、工学部主導の先端「経済工学」研究センターに協力することには何のメリットもない。

しかも数学科には、工学部の「陰謀」で本郷から駒場という辺境の地に追い出されたという思い込みがある。したがってふつうに考えれば、工学部が仕切っている先端研の誘いに乗るはずはない。

もしあるとすれば、大学全体がこの組織の支援に乗り出す場合に限られるが、さすがに先端研もそこまで手を回す時間はなかったはずである。

楠岡氏が協力しないのであれば、白川氏には先端研に移るメリットはない。あるとすればたんに東京大学助教授という肩書きだけである。しかし東京工業大学生え抜きの白川氏も、他の多くの研究者と同様、東大コンプレックスを持っていることは十分ありうる。

16▼天才少年の活躍

私がはじめて白川浩氏に会ったのは、1989年初めのことである。当時の私は2度目の人文・社会群主任をつとめていた。東京工業大学に移って3年目の84年に、1回目の主任を引き受けた私が、4年後にまたこの仕事を押し付けられる破目となったのは、折合いの悪い文系スター教授たちの誰とでも〝適当に〟付き合えるのは、無思想、無節操なエンジニアしかいなかったのが原因である。

このころの私は、長年この組織を悩ませてきた「クラス編成問題」を数理計画法という手品を使って解決したことで、文系教官の間で一目おかれる存在になっていた。そして、2度目の主任を引き受けた見返りに、空席になる助手のポストが回ってきたのである。専門課程と違って、一般教育担当のこの組織には、17人の教官に対して助手ポストは5人分しかなかった。そのうえ、停年まででつとめあげるはずの牢名主的助手が2人もいたのだから、このポストが私に回ってきたのは誠に幸運なことだった。

心あたりのなかった私は、20年来の友人である経営システム工学科の森雅夫教授に相談をもちかけた。そこで紹介されたのが白川氏である。格式の高いこの学科が7年ぶりに育てた博士で、折紙付きの大秀才だという。

面接にやってきた白川氏は、20歳年上の教授の前で小さくなっていた。消え入りそうに俯いている大秀才には、青年というより〝少年〟という言葉がぴったりした。はじめから森教授の紹介を断ることはできないと考えていたが、私は一目でこの人物が気に入った。こうして、1989年4月に今野・白川チームが成立した。

白川氏の博士論文は、待ち行列に関するものだった。しかし、学部時代には金融機関への就職を考えていたという同氏は、このころファイナンスに研究の足場を移しつつあった。マイケル・ハリソンの博士論文が待ち行列であったことから分かるとおり、この分野は数理ファイナンスときわめて近い関係にあった。こうして白川少年は、1989年にこの分野に参入するや否や、次々と独創的なアイディアを発表し、たちまちわが国のリーダーとなった。

経営システム工学科7年ぶりの秀才は、文字どおり大秀才だった。確率過程をはじめとするOR全般に通じているだけでなく、経済や経営財務にも強い。そして超勤勉とくれば、この人物の成功ははじめから約束されていたようなものである。

日本オペレーションズ・リサーチ（ＯＲ）学会の「投資と金融のＯＲ」研究部会、応用数理学会の「数理ファイナンス研究部会」の運営にあたって、同氏は文字どおり献身的な努力を惜しまなかった。こうして白川氏は私の右腕以上の存在となった。実際、私が1カ月近く苦しんでいた問題を、１週間もかからずに解いてくれたこともある。

白川氏に馬鹿にされないためには、自分も頑張って研究成果を出さなくてはならない。何人もの敵とライバルに囲まれていた私に、はじめて心を許せる競争相手が出現したのである。

3年後、白川氏は実績を認められ筑波大学に講師として招かれた。そしてさらに実績を積み、経営システム工学科助教授として東京工業大学に戻ってきたのは、１９９４年末のことである。それ以来私は、再び白川氏とコンビを組むことになった。

その後2年の間に私は、白川氏と連名で3編の論文を書いた。これらの論文はそれなりのジャーナルに掲載され、共同の業績となった。しかし、白川氏が単独で書いた1ダース近い論文のうち、掲載にこぎつけたのはわずか2編にすぎなかった。私と違って、ジャーナルの質にこだわったため、白川論文はことごとく冷酷なレフェリーの餌食となってしまったのである。

国内ではもちろん、国外でも高く評価されている論文なのに、正式論文として掲載されないのはなぜか。不審に思った私の問いに対する同氏のアイマイな返事を聞いて、私は白川氏がレフェリーから大きなダメージを受けたにちがいないと考えていた。

このとき私は、「論文は掲載されることが重要なのだ。多少グレードは低くても、ともかく掲載にこぎつけることが大事だ」と、自分の体験を交えて説得したが、これを受け入れてくれたときには、5年前の論文はやや色褪せたものになっていた。こうして白川氏の全盛期の論文の多くは、同氏の生前には日の目を見ることなく終わったのである（なおいくつかの論文は、同氏の死後公刊された）。日の目を見ずに終った業績は、これ以外にもいくつもある。

すでに書いたとおり、私は1995年2月に『理財工学Ⅰ』を出版した。出版社との約束では、96年中に白川氏が『理財工学Ⅱ』を書きあげ、そのあと98年に私が『理財工学Ⅲ』を書くことになっていた。実際、『理財工学Ⅰ』の末尾には、『理財工学Ⅱ：動的資産選択のモデル化』の詳細な目次が記載されている。白川氏の実力と実績を知る人々はこの章立てを見て、エポック・メーキングな本ができると期待したはずである。

1996年4月に刊行予定だったこの本は、なかなか完成しなかった。予定どおりにできあがるとは限らないということは百も承知だった。あの凝り性のことだから、半年やそこら遅れても不思議はない……。

1996年暮れになっても原稿は完成しなかった。出版社は矢の催促である。それに対する白川氏の答えは、いつも決まって「もう少し待って下さい」だった。気の長いのが売りの私も、遂にたまらずこの年の忘年会で、「エンジニアは納期を守れ!!」と檄をとばした。これぞエンジニアの要諦である。

こうして白川氏はしぶしぶながら、それまでに書きあげた分を見せることを承知するのである。このやり取りを見ていた学生諸君は、いつになく語気鋭く迫る老教授の迫力に、肝をつぶしたとのことである。

年が明けて届けられたドラフトを見て私は絶句した。それは何百本もの数式の羅列で、間をつなぐ文章が何もないのである。「この男の頭の中は、数式だけでできているのか？？　しかしここまで材料が出そろっているからには、もう2～3カ月もあれば完成するだろう……」

ところがこれがそうではなかったのである。6カ月経っても、1年経ってもテキストは完成しなかった。できることであれば、私は途中の文章を埋めてあげたいと思った。しかし分子と分母に積分記号がビッシリ埋まった数式の群れに、私は手も足も出せなかった。

いつの間にか1997年も過ぎようとしていた。こうして私は、大急ぎで広告とはまったく違う内容の『理財工学Ⅱ』を書きあげ、98年11月に出版した。『理財工学Ⅰ』に比べれば仕上がりが悪いことは分かっていたが、納期を重んずるエンジニアとしては、これ以上遅らせるわけにはいかなかった。

いったい何故完成しなかったのか。私は最近まで、たんに白川氏がサボっていたのではないかと考えていた。もともと彼は、文章を書くのは苦手だと言っていたし、私がきついことを言ったので、ヘソを曲げたのかもしれない、と。

しかし、事実はこれとはかなり違っていたようである。1996年当時、白川氏の講義を受講していた学生によれば、最初の講義で（文章の入った）ドラフトを配布し、授業でのフィードバックをもとに、年内には本を出す予定だとアナウンスしたという。ところが、講義はいつも前回配布したテキストの修正につぐ修正で、なかなか先に進まなかったのだという。オリジナルな研究成果をベースに本を書いていたのであるが、細かいミスの1つも許すことができない完璧主義者は、無限ループに陥ってしまったのである。

当時配られた資料は、いまも白川氏のホームページでアクセスできるというので、ダウンロードしてみたところ、それは当初の計画の約半分をカバーする内容だった。したがってもう1年待てば、後半も完成していたかもしれない。自分で『理財工学Ⅱ』を執筆することを決めてから、私はこの件について触れることを避けてきたが、白川氏は私が『理財工学Ⅱ』を書いていることを知って、後半を書く意欲を失ってしまった可能性もある。もしそうだとしたら、私は罪作りなことをしたものである。

17▼因縁の対決——東工大vs東大

東京工業大学にとって、先端研は長年の宿敵である。私が知るだけでも、東京工業大学は2度にわたって先端研に出し抜かれた経緯がある。

第1の事件は、1990年代はじめのK教授引き抜き事件である。この人は、S大を卒業したあと、東京工業大学大学院に進学して博士号を取得した。以後東京工業大学のスタッフとして、バイオセンサーなどの分野で素晴らしい研究成果をあげ、東京工業大学をわが国のバイオテクノロジーの拠点に育てあげたスター教授である。

才能さえあれば、他大学の卒業生であっても適正に処遇するところは、東京工業大学の良いところである。ちなみに、東京大学教授の中の東大以外の大学の出身者は数パーセントにすぎないのに対して、東京工業大学の場合は3割を超えている。

私は何回かこの人のエッセイや講演記録を読む機会があったが、研究実績に裏づけられた発言内容と絶妙の表現力に、強い感銘を受けたものである。しかしこのスター教授が、働き盛りの40代半ばに、先端研にスカウトされてしまうのである。東京工業大学を上回る研究条件（資金と設備）と、東京大学教授のネーム・バリューに惹かれてのものだろう。

東京大学から声をかけられて断る研究者は、（ライバルの京都大学関係者を除けば）ほとんどいないだろう。何しろ東京大学には、国立大学予算の1割以上がつぎこまれているから、設備、研究費はきわめて潤沢だし、学生もトビキリ優秀である。そのうえ世間での評価も特別である。

有力教授の引き抜きは米国では日常茶飯事であるが、東京工業大学が育てたスター教授を引き抜いた東京大学先端研は、このとき以来東京工業大学にとって〝悪魔たちの棲家〟となった。

第2の事件はK′教授盗難事件である。この人は日本を代表する技術政策論の研究者で、海外でも高い評価を受けているスター教授である。東京工業大学経営システム工学科が、この人物を出張先のスタンフォード大学から掠め取ったのは、1994年春のことである（このあたりは、東京工業大学もなかなか凄いことをやるものである）。ところが半年もしないうちに、この人は先端研に引き抜かれてしまうのである。

東大出身者が東京大学に戻るということなので、最終的にはやむをえないということにはなったが、移籍して半年もしない人を引き抜くのは、この業界では禁じ手である。採用した側としては、少なくとも3年はいてもらわないと、具合が悪いのである。やむをえない事情もあったのだろうが、これによって東京工業大学の面子は丸つぶれとなった。
そしてその第3ラウンドが、理財工学研究センターをめぐるバトルである。
金融ビッグバンを目前にして、わが国金融ビジネスは、先進国に水をあけられ危機に陥っていた。しかしエンジニアたちは、金融ビジネスの苦境に対してきわめて冷淡だった。手塩にかけて育てた学生を、何のあいさつもなく〝盗んで〟いった挙げ句、彼らを適正に処遇しない金融ビジネスがいまさら困っているからといって、それがいったい何だというのか。

1997年時点では、エンジニアはまだ日本経済がどれほど深刻か気が付いていなかった。金融ビジネスの大失態のため、日本経済は悪化の一途をたどっているが、製造業はまだまだ力がある。大半のエンジニアはこう考えていたのである。したがって多くの教授たちは、金融工学に関する研究センターを、東京工業大学が全国に先駆けて設立するという考えに、首を傾げていた。

しかし、文系ネットワークに接点を持つ木村孟学長は違った。米国が先頭に立っている金融工学。そしてそれを追いかけている東工大勢の活躍が、しっかり学長の耳に入っていたのである。東京工業大学の目玉商品として、このセンターは文部科学省や世間一般に対してアピールするにちがいない。他の重要条件を押しのけて、これを最優先課題として打ち出すことには無理があるが、翌年であれば十分な可能性があると踏んだ木村学長は、早速経済産業省主催のある会合でセンター構想を紹介し、産官の支援を依頼した。

この場に居合わせたのが、先端研のK教授である。研究テーマの発掘に関して鋭いセンサーを持つこの人は、木村学長の話を聞いて、ただちに先端研もこの分野に参入する必要があると判断した。いまや産業界では、金融ビジネスへの工学的手法導入のニーズは広く認知されている。この将来性のある先端技術で東京工業大学に先を越されたら、東京大学先端研としては大きな傷手になる。

もともと文部科学省は、理工系大学が金融の研究をやることには懐疑的である。なぜなら彼らは、長い間経済学部や商学部にたくさんお金を出してきたからである。金融（ファイナンス）は法経商帝国の不可侵の領土だ、と彼らは信じているはずである。したがって、東京工業大学にセンターが設立されてしまえば、2つ目が認められる可能性は小さい。何としても東京工業大学の先を越さなくてはならない。これがK教授の胸の内だった。

この任務を引き受けたのが、先端研の看板教授野口悠紀雄氏である。金融は経済学の一分野だから、K教授がこの仕事を任せるとしたら、野口教授をおいて外にいないという人選である。

野口教授はもともとは財政の専門家であって、金融に深くコミットしていたわけではない（ちなみに英語では、財政も金融もファイナンスである）。しかしK教授同様、この人は新しいものに対して鋭いセンサーを持っていた。先端研が金融工学で実績をあげれば、工学部が計画しているビジネス・スクール構想の主導権を握ることができる。

しかし残念なことに、先端研には金融工学の専門家はいない。経済学部にはファイナンス研究者は何人かいるが、彼らの協力を得るのは難しい。こうして先端研は三度目の引き抜きを計画するのである。

私が東京工業大学の最高意思決定機関である部局長会議で、センター構想について説明を行ったのは、研究科長の任期を終えた直後だった。折から1998年元旦より『日本経済新聞』の一面に連載された特別記事は、わが国の金融ビジネスはビッグバンの中でウィンブルドン化する心配があること、これを救うにはデリバティブや資産運用にエンジニアの参画が必須であることを繰り返し主張していた。

超多忙なエンジニアたちでも、『日本経済新聞』の一面くらいは読んでいたようである。かくしてこの〝神風〟に後押しされて、部局長の中にもセンター設立を支援する人が現れる。

幸運だったのは、内藤喜之新学長が金融ビジネスのシンパだったことである。このため私が説得するまでもなく、隠し持った助手ポスト1名分をセンターに拠出するという、破格の支援を申し出て下さった。もう1つの幸運は、文部科学省から派遣されてきた経理部長が、前学長の置きみやげであるこのプランを、強く支持してくれたことである。

何回も書き直した書類を文部科学省に提出したのは、同年4月である。そして先端研が組織の一部を分離して、「先端経済工学研究センター」を設立する構想を文部科学省に提出したのはその直後のことだった。

この何カ月か前、学内での根回しを本格化しはじめたころ、ふだん電話を使わないはずの野口教授から電話がかかってきた。

「理財工学研究センターを概算要求するそうだね」

「さすが早耳だね」

「東工大はなかなかセンスがいいよ。ところで、われわれもこの分野に参入することになってね。そこでものは相談だけど、こっちに来ませんか」

「エッ、先端研に移れっていうの？　もう事務局との話合いがはじまった段階で、その言い出しっぺがそっちに移るっていったら、どんなことになるか分かるだろう」

「東大教授だぞ。これは君にとっても大きいんじゃないかな」

「それは魅力的な話だけど、学生を放り出して移るわけにはいかないよ。それに僕はここで学部長をつとめた人間だよ。そんな男が、停年まで2～3年しかないのに東大に移ったら、どんな騒ぎになるか君にも分かるだろう」

たとえて言えば、これは日産自動車でXカー開発の指揮を取ってきた技術開発本部長が、出遅れた業界トップのトヨタ自動車に移籍して、同じ仕様の車作りを担当するという話なのである。

「まあ即答は無理だろうけど、この件は東大にとっても引き返すことができないところまで来ているんだ。ここを世界の中心に育てあげるために、君に来て欲しいということになったのさ。停年は間もなく延長されるし、将来は工学部主導のビジネス・スクールにつなげることができるので、是非じっくり考えてみてくれないか。いろいろ障害はあるかもしれないけれど、何とかよろしく頼みます」

「そこまで言っていただけるのはとても光栄なことだし、君といっしょに仕事ができるのはうれしいけれど、現状での移籍はありえない。あるとしたら、それはこのセンター構想がつぶれた場合だけだろう。そのときは良く考えて判断するよ」

私にとって、東京大学への移籍話はこれが初めてではなかった。東京工業大学の文系集団「人文・社会群」から、鉄の軍団「経営システム工学科」に移籍して間もないころ、ある有力教授から、「こちらに移る気はありませんか」と誘われたことがあったのだ。ふつうよほどの成算がなければ、こういう話は口にしないものである。まして発言の主は大物教授である。

しかしこのとき私は、「大変有難いお話ですが、いろいろ考えなくてはなりませんので、しばらく時間をいただけませんか」という煮え切らない返事をしてしまった。新学科に移籍したばかりでやめるといったら、私を呼んでくれた人たちに迷惑をかけることになる。しかも私はこの組織が気に入っていたのである。

大学卒業当時の私は、落ちこぼれだった。辛うじて修士課程に入れてもらったものの、秀才たちに囲まれ自信喪失の中で2年を暮らした。そして民間の研究所に就職した時点で、私の将来は暗黒に包まれた。当時は、民間への就職は研究者として「帰らざる河」だったからである。

その後幸運にもスタンフォード大学に留学する機会を得て、線形計画法の創始者であるジョージ・ダンツィク教授の下で博士号を取った。しかし、世界一の先生から博士号をいただいても、東大教授コンプレックスは消えなかった。

昭和30年代から40年代にかけて、わが国では理工系大学が大幅に拡充された。東京大学理科一類の定員は、１９５７年には４００人だったが、翌年には５００人となり、私が受験した59年には５５０人になっていた。そしてその後も定員は増え続け、10年を経ずして１０００人の大台に届いた。これは東京大学だけの現象ではない。日本の理工系大学は、１９５０年代末と比べると、どこも２倍以上に拡大したのである。

当然、大学教授のポストも大幅に増えた。この結果、私の同期生50人のうちの22人、すなわち研究者を志望して大学院に進学した者のほぼ全員が、後に大学教授のポストにありついた。しかし東京大学以外の大学につとめる人たちの多くは、東京大学教授に対してコンプレックスを持っていた。あの人たちがいわゆる純正工学部教授であって、自分たちはバブルの産物にすぎない、と。

スタンフォード大学の学位とバブルのおかげで、33歳で筑波大学の助教授のポストにありついた私は、幸運にも１９８２年に東京工業大学教授に迎えられた。しかしこの一般教育ポストは、工学部では三流のポストである。純正エンジニアたちは、明らかにわれわれを見下していた。その後私は、金融工学と数理計画法における実績を認められて、一流ポストである経営システム工学科教授となった。

全国に経営システム工学科はたくさんあるが、国立大学では東京工業大学だけである。したがって、この分野ではいわば全国の頂点に位置する組織である。それは、〝けっして東大教授にはなれない〟男にとって、望み得る最高のポストだった。しかも私は、この組織の中で実績以上に優遇された。

5年前に、中学時代の友人が日立製作所から東京大学教授に転出したときは、私は心の底から祝福するとともに、強い羨望を覚えた。このころであれば私は、大物教授の誘いにイエスと即答していただろう。しかしいまとなっては、プラスとマイナスを十分に計算しなくてはならない。

もちろん東京大学教授のステータスは大きな魅力である。しかしあそこには姑、小姑がたくさんいるうえに、大姑の経済学部まである。自由に理財工学の研究に取り組めるのも、経済学部がない東京工業大学ならではのことである。そのうえ、移った後のわずか6年で停年になる。一仕事やるには短すぎる。こうして私は煮え切らない返事をしたのである。

しかし大物教授にとって、この返事は「ノー」を意味した。折角誘ってやったのに、即答しないような人に用はないと思ったのだろう。こうしてこの話は立ち消えになった。

私は残念なことをしたと思う一方で、これはこれで良かったと考えていた。いまや東京工業大学は東京大学と同列の大学である。特に経営工学分野では、この学科がない東京大学よりすぐれた成果をあげている。いまさら東京大学に移籍するのはコストが高くつきすぎる……。

ところがその後間もなく、野口悠紀雄氏が停年まで5年を残して東京大学に移籍した。一橋大学の看板教授の移籍を知って、私は複雑な感慨を覚えた。やすやすと手に入ったはずの東京大学教授ポストに目もくれず、工学部から大蔵省にトラバーユしたこの人でも、東大教授コンプレックスを持っていたのかと驚く一方で、私もあそこでイエスと答えておけば良かったかもしれない、と思ったのである。

野口氏から先端研への誘いを受けたとき、心が動かなかったかと言えば嘘になる。東京大学で、40年来の友人といっしょに仕事をするのは、研究者人生の締括りとしては面白いかもしれない。しかし停年までもう2～3年しかないのである。そのうえ博士課程の学生を3人も抱えている。私がやめたら、彼らは見捨てられたと思うだろう。これから先任期が10年以上あって、給料を倍にしてくれるというのならともかく、東京大学教授というレッテルだけのために東京工業大学を足蹴にしたら、一生後悔することになるだろう。

18 ▼ 2大学同時参入

1998年当時、すでに多くの若手エンジニア、学者が金融工学に参入していた。しかし組織の中枢を固める50代の研究者で、国際的実績をあげている研究者は数えるほどしかいなかった。

金融工学のパイオニアの1人であり、JAFEEの会長をつとめた私を引き抜いたとなれば、東京大学先端研としては大手柄だが、私が断ればこのプランは大幅な練り直しが必要だろう。誰かを口説いて体勢を立て直し、1年後に申請するのが良いところだろう。

こんなときにかかって来たのが、野口悠紀雄氏からの2度目の電話だった。

「とうとう概算要求したらしいね」

「やりましたよ」

「こちらも結局やることになったよ。本当は来年申請するほうがベターなんだけれど、東工大に先を越されるとまずいんでね。東工大案がつぶれればこっちに来てくれるという話だから、今回は両者相打ちでもしかたがないということになったのさ」

「出すのはそちらの勝手だから、どうぞおやり下さいというしかないけれど、われわれも学長以下本気なので引き下がるわけにはいかないよ」

エアコンのきかない文部科学省の暑苦しい食堂の一角で、同僚の古川浩一教授、白川浩助教授とともに担当者に説明を行ったのは、6月末のことだった。すでにわれわれはある筋を通じて、東京大学が文部科学省に提出した書類が、東京工業大学のそれとほとんど同じだという情報をキャッチしていた。同じような申請が2つ出てくれれば、文部科学省は心証を悪くしてどちらも拒絶することになるだろう。

このとき私は、絶対に勝たなくてはならないと自分に言い聞かせた。そして、あえて先端研の目論見を新旧両学長に伝えた。内藤喜之新学長には、学内の事務官たちの闘志を高めてもらうため、また木村孟前学長には、学外の東工大OBの支援を引き出してもらうためだった。

食堂にセットされたテーブルには、全国各地の大学の代表が集まっていた。会議室が足りないのだろうが、それにしてもみじめな場所である。5分ほど時間に遅れてやってきた担当者は、われわれの説明を聞き終えたあと、「なぜこのような厳しい財政状況の中で、いま東京工業大学が金融の研究をしなくてはならないのか。この分野については、かねてより経済学部や商学部に十分お金を付けて研究していただいている」と詰問する。

私はここぞとばかり、いまや金融は工学的技術なしには立ちいかないこと、また東京工業大学が10年以上前からこの分野で様々な実績をあげてきたことを力説した。誠に厳しい質問の連続だった。蒸し暑さの中で力が入ったため、ワイシャツを通して背広から汗が沁み出していたが、これに気が付いたのは説明を終えて、帰りの地下鉄に乗ってからだった。

このとき私は、これでは通る見込みはないと観念した。白川氏も完全に打ちひしがれていた。しかし、同席していた事務官たちは、われわれと違ってポジティブな心証を得たようである。ダメなものに対する質問の厳しさは、こんなものではないというのである。事実その後間もなく経理部長から、新規ポストが1人ですむなら認めてもらえそうだという知らせが入った。

しかし私は相打ちを恐れて、様々な人脈をたどって文部科学省に対する「工作」を行った。財務省OB、財務省と金融庁の高官、経済産業省高官、そして何人かの政治家にも会って、何かのときの支援をお願いした。このとき力になってくれたのが、木村学長から紹介された霞ヶ関の東工大人脈である。東京大学とは比べものにならないが、東京工業大学にも霞ヶ関にOBネットワークが敷かれていた。

1998年秋に、東京工業大学と東京大学の両方に対して文部科学省のOKが出た。文部科学省としては、日頃から中央教育審議会や国立大学協会で知恵袋となってもらっている、木村氏の肝煎りプランを拒絶することはできなかったのだろう。また国立大学の序列からして、東京工業大学を通すとなれば東京大学を通さないわけにはいかない。

このときかかってきたのが、野口氏からの3度目の電話だった。

「いや東工大のパワーには驚いたよ。大蔵省のドンにまで根回ししたのはたいしたものだね」

「われわれも必死だったというわけさ。ともかく先端研にだけは負けられないということで、事務局が頑張ってくれたので助かりましたよ。ところでそちらはいったい誰を連れてくるつもりですか」

「まあ見てて下さい。何しろこちらには工学部が味方についていますからね」

東京工業大学「理財工学研究センター」と東京大学「先端経済工学研究センター」は、設立前から新聞・雑誌等で大きく取りあげられた。金融ビッグバンを目前に控えて、2つの有力大学が金融工学にチャレンジするというのだから、世間の注目を惹いたのは当然である。

取りあげられた回数やスペースの大きさで言えば、断然われわれが圧倒していたが、一般紙が両者を並べて取りあげるときには、東京工業大学はいつも東京大学の後塵を拝した。

金融工学の発展のためには、両者が競争・協力してこの分野を盛り立ててゆくことが必要である。しかし東大グループの将来は前途多難だった。大姑の経済学部（のファイナンス・グループ）が、センター設立に協力的ではなかったからである。協力的でなかったどころか、彼らは、工学系の人たちがファイナンスの本家に相談することなくこのような組織を作ったことに、強い不快感を示したという。経済学部を敵に回すとなると、「先端経済工学研究センター」の運営は容易でない。

昔から工学部の人間は、経済学部と付き合うのは容易でないということをたびたび経験してきた。現実重視の工学部と理論至上主義の経済学部とは、その考え方も成り立ちもまったく違っているからである。工学部は経済学部を敬して遠ざけ、経済学部は工学部を卑下して遠ざける。これが長年の伝統である。

先端経済工学研究センターを設立するには、経済学部とのすりあわせが不可欠である。私から見れば、経済学部の協力を得ることは絶望的に難しい。せいぜい妨害はしないという約束を取りつけるのが限界だろう。そしてそれですら、優に1年以上の交渉が必要となるはずである。にもかかわらず、その交渉をとばしてセンター案を提出したのだから、彼らがヘソを曲げないはずはない。経済学部が組織として反対に回れば、野口教授といえどもセンター運営は容易ではない。

野口氏は、われわれの世代を代表するスーパースターである。日比谷高校時代は、つねに400人の中で一番の成績を収め、特に国語の能力では日比谷100年の歴史の中でも、谷崎潤一郎、江藤淳につぐナンバー・スリーと謳われた。国語の能力がすぐれているということは、本当の意味で頭が良いということだ。そのうえ「超」勤勉ときている。

理工系ブームの中で東京大学の理科I類に進んだ後、550人中で3番の成績で応用物理学科に進学。大学院在学中にわずか半年の勉強で、経済学分野の上級公務員試験で2番の成績をあげ、花の大蔵省に入省（このときの指導教授田中昭二氏の切歯扼腕は語り草となった。もし田中教授の下で研究を続けていれば、低温超伝導でノーベル物理学賞を取っていただろうと私は考えている）。

その3年後には、明治百年記念「21世紀の日本」懸賞論文、「十倍経済社会と人間」で最優秀賞（内閣総理大臣賞）を受賞しスターとなる。

それ以後UCLAで1年間、碩学ヤコブ・マルシャク教授の指導を受け、“one of my best students”と呼ばれたという。そしていったん帰国後イェール大学に再留学し、ハーバート・スカーフ教授の下で経済学の博士号を取得。しかし数年後にあっさり大蔵省をやめる。組織の論理で動くのが合わなかったせいだろう。以後埼玉大学、一橋大学教授として数々の著書を著し、様々な賞を総なめにし論壇の寵児となった。

そして1995年に東京大学の先端経済工学研究センターに移籍したときは、看板教授の引き抜きとして評判になったが、一橋大学側は引き止めようとしなかったという。経済学者は、自分の効用を最大化するために行動する人種だから、ごく自然なことと受け止められたのかもしれない（野口氏が私の移籍を楽観的に考えたのは、エンジニアの効用関数が経済学者のそれと同じだと考えたことと、自分の場合は何の抵抗もなかったためだろう）。

私はこの40年間、野口氏と個人的にもきわめて親密に、かつ尊敬の念を持って付き合ってきた。怠惰な私は、「21世紀の日本」の懸賞論文に関わっていたころ、一晩で30枚ものレポートを書きあげる野口氏の集中力に舌を巻いた。どうすれば、あっという間にあれだけの論文を書きあげることができるのだろう。どうすれば、あれだけ理路整然と相手を論破できるのだろう。どうすれば、試験であれだけの高得点を取れるのだろう。まさに彼との付き合いは、〝どうすれば〟の連続だった。

この効率の秘密を知ったのは、「超」ベストセラーとなった『「超」整理法』と『「超」勉強法』を読んだときである。そのときの私は、やっぱりそうだったのかとうなずくことが多かった。結局私は、40年間の付き合いの中で、この人の効率性の秘密をかなりの程度盗み出していたというわけである。

私は大学を卒業してから後、野口氏と何度かいっしょに仕事をする機会があったが、幸いなことに一度も競合関係に立つことはなかった。エコノミストとエンジニアには、それぞれの役割分担が決まっていたからである。ところが別の道を歩いていたはずの2人は、いつの間にか「金融工学」をめぐる衝突軌道に乗っていた。できればこれを回避したかったことはもちろんである。しかし東京工業大学という組織を背負っている以上、その手立てはなかった。

こんなふうに書くと、われわれの友人関係に亀裂が入ったと思う人もいるだろう。しかしこれはつまるところ、東京大学と東京工業大学という組織同士の威信と将来をかけたバトルであって、個人的関係を傷つけるものではなかったのである。おそらくこれから先も、私は時に呆れながら、この尊敬すべき〝成熟したエコノミスト（自称）〟と付き合ってゆくことになるのだろう。

19 ▼ 金融ビジネスに参入したエンジニア

われわれが金融工学に乗り出した1980年代末、米国とは約20年の格差があると言われていた。

「いまごろから取り組んだところで、あの強欲で抜け目のないウォール・ストリートの住民と対抗できるようになるだろうか。しかし、米国より30年後れていた自動車産業は、エンジニアたちの努力によってこの格差を乗り越え、世界を制覇するまでになったではないか。だからエンジニアが頑張れば、何とかなるかもしれない。ともかくわが国の金融ビジネスが、欧米勢に蹴散らされるのを黙視することはできない。彼らを支援できるのは、われわれエンジニアだけなのだから……」

白川浩という同僚を乗せた船は、日本オペレーションズ・リサーチ（OR）学会、応用数理学会、そしてJAFEEという港を拠点に、15年にわたって世界の海を航海した。私にとってこれは大変面白い旅だったし、白川氏にとってもけっして退屈な旅ではなかったはずである。そのうえ、「理財工学研究センター」というお城まで作ることができたのだから、とてもラッキーな航海だったというべきだろう。

おそらくは、われわれとともにこの分野に参入した大学人たちも、自分たちのキャリア・パスを後悔してはいないはずである。彼らの研究成果は、世界の研究者たちから高く評価されているのだから。

大学で研究するまともな研究者たちの価値基準は、その分野における仲間たちの間のレピュテーション（評判）である。一も二もこれら一流の仲間たちの評価、そして三、四がなくて五が世間的評価と若干の金銭的報酬といったところが、これらの人々の価値基準である。この意味で、研究者としてのキャリアに満足できなかった人は、その人自身の責任である。

少数の仲間の評価さえ得られれば、あとは誰に何を言われようがかまわないというメンタリティーは、えてしてタコツボ研究者を生み出す危険性がある。したがって、価値のある研究を行うためには、そのグループが世界に対して開かれていることが必須の条件である。

一方、金融ビジネスに参入したエンジニアたちの船旅は、これほど単純ではなかったはずである。一口にエンジニアといっても、もちろんそのなかは様々である。しかし私が良く知っている東京工業大学の卒業生たちに限って言えば、彼らは大略次の3つのタイプに分類することができるだろう。

(1)　金融ビジネスにおける情報システム担当の技術者。

(2) 世間のムードと高収入に眩惑され、金融ビジネスにスカウトされた人々。
(3) 金融技術を習得し、プロフェッショナルを目指した人々。

東京工業大学ではバブル以前から、卒業生の約6％が金融ビジネスに就職していたが、これらの人々の大半は、第1のタイプのエンジニアである。情報システムを担当するために採用されたこれらの人々の多くは、文系上位の金融ビジネスの中で、縁の下の力持ちとして働いた。重役になれる可能性はほとんどなかったが、それを承知でこのビジネスに参入した彼らは、情報技術の専門家としては、メーカーの技術者をはるかに上回る高給をエンジョイできたのだから、そう悪い仕事ではなかったはずである（もちろん仕事の内容は、メーカーの人々ほどエキサイティングではなかっただろうが）。

これに比べると第2のグループは、完全にあてがはずれたというのが本音だろう。バブルのピークだった1989年、東京工業大学では学部卒業生の中で、大学院に進学する者を除いた人たちの約30％が、ペーパービジネス御三家と言われた銀行、証券、保険に参入した。そしておそらくこのうちの3分の2が、このタイプだったと私は推定している。彼らは言わば、理工系卒業生なら誰でもいいという、銀行の場当たり的人事政策の犠牲者である。この人たちの不幸を看過したことは、エンジニアとして痛恨の極みである。

いまでも腹立たしいのは、ある地方銀行が国際展開するためと称して、経営システム工学科40人の卒業生の中から、いちどきに3人を略奪していった事件である。一流大学の工学部の同一学科から、同時に3人もの学生を採用する企業があるとすれば、通常それは従業員が1万人単位のNTTや新日本製鐵、トヨタ自動車といった超大企業に限られる。同級生たちをそれなりに処遇するには、一定の規模が必要なのである。

私から見ると、この銀行がいまごろになって金融工学の分野に積極投資しても、とても外国銀行と太刀打ちできるようになるとは思えなかった。そこで就職担当だった私は人事課長に、彼らをどのように処遇するつもりかという質問状を送った。予想どおり何の回答もなかったが、数年後にこの銀行は金融工学から撤退し、その数年後には大手銀行に合併されてしまった（そのうえ合併した銀行までが、そのまた数年後に別の銀行に吸収合併されてしまったのである）。あの学生たちは、いまどうしているのだろうか。

次は第3タイプの、意欲にあふれるエンジニアである。

もともと私は、銀行に対して不信感を持っていた。彼らは大蔵省の庇護の下に、特段のスキルも持たずに、情報の非対称性に基づくレント（本来手にすべき報酬以上の収入）を手にしている人々ではないのか。これは白川氏が日頃糾弾してやまなかった点である。私がこのことを確認したのは、留学時代に知り合った友人が、4大銀行の一角であるX銀行の頭取に就任したときである。

この人は、大学時代にバレーボール部のキャプテンをつとめたスポーツマンで、自分の能力を最大限誇示しようとする留学生集団の中で、飛びぬけて腰の低い人だった。そしてこの人が帰国後トントン拍子で出世して、199X年に頭取になってしまったのである。

私は彼が頭取に就任した直後に、同期会の席上で、「金融工学にはなかなか研究費がつかないので苦労しています」と窮状を説明したことがある。このとき頭取は、「何でも私どもに御相談下さい」と言って下さった。

当時金融工学は、エンジニア集団からは〝いかがわしい研究〟、エコノミストからは〝たんなる計算〟と批判されていた。学問として認知されていない金融工学にお金を出す組織があるとすれば、金融ビジネスしかない。

しかし金融機関は、お金が商品であるだけに、メーカーと違ってお金に対してきわめてシビアである。「研究補助金については、銀行協会にご相談下さい」というので相談に行くと、ここは法律・経済帝国の領土になっていて、エンジニアに回りお金は残っていない。(私はここから1回限り、エンジニアとしてはただ1人だけ、80万円の研究費を頂戴した)。

こんなところに大銀行の頭取が、「何でも御相談下さい」と言ってくれたのだから、私は研究費をおネダリすることにした。しばらくして、頭取室から電話がかかってきた。「この件については、○○部長に話しておいたので、相談して下さい」という指示である。やれうれしやと思ったが、話はそう簡単ではなかった。

紹介された担当部長は、金融工学については何も分からないという。そこでその部下である××課長が紹介される。ところがこの人も法学部出身で、何も分からないのである。3回目に訪れた担当係長は、学会の場で知遇を得ていたエンジニアだった。「申し訳ありませんが、こんな状況なのです」と詫びる青年に私は同情していた。

金融工学に何の知識もない人たちが、金融工学部門の責任者をやっているのである。結局私は本店に3回足を運んで、100万円の研究費を頂戴した。しかしかなり時間をかけて年度末に報告書を提出したにもかかわらず、2度目の研究費は出なかった。世の中の人々はこれをどう判断するのか分からないが、大銀行の頭取が支援を約束した、金融工学の〝旗手〟に対する支援はこの程度だったのである。

私の先生である森口繁一教授は、東京大学工学部を代表する計算機工学の大物教授だった。この人が計算機メーカーの部長に頭を下げれば、たちまち一桁上の研究費が出ただろう。確かに私は、森口教授に比べれば100分の1の実力しかない。東京大学と東京工業大学を比べればそのネーム・バリューは2分の1である。したがって、部長に1回頭を下げて100万円しか出なくても不思議はない。しかし私は、部長ではなく頭取（社長）に頭を下げたうえに、3回も足を運んだのである。

このようなことはもう願い下げにしようと思ったが、続きがあった。理財工学研究センターのプロジェクト支援をめぐって、私は白川氏とともに大銀行の一角であるY銀行に2回足を運んだ。しかし手にした研究費は100万円だった。そのうえ常務から、「この投資の収益率は何パーセントか？」という質問を浴びせられたのである。

不良債権処理で一兆円単位のお金をドブに捨てておきながら、金融ビジネスの再生をかけたプロジェクト研究に、たった100万円を拠出するだけで、その収益率を云々する銀行のカルチャーには驚かされたが、われわれ以上に顔がつぶれたのは、間に入ったエンジニアだったにちがいない。

このような状況を見ると、金融ビジネスを支えるため本気で参入したエンジニアたちが、どれほど苦労したか良く分かる。つい最近も、一流メーカーからY銀行に移籍した優秀なエンジニアが、些細なことで詰め腹を切らされる事件があった。この人は、最新の金融技術を用いて為替取引用のソフトウェアを作った。そしてこの銀行は何年かにわたって、このソフトウェアで収益をあげてきた。ところが市場が変化したため、損失が出たのだという。

銀行は、将来の不確実性を前提に商売を行うビジネスである。不確実な将来に「絶対」はありえない。たまには裏目に出ることもある。しかし、つねづねエンジニアに反感を持っていた上司は、このミスを許さなかった。こうして、この人物は10年つとめたこの銀行から石をもって追われたのである。この程度のことで、すぐれた人材を放り出す銀行に未来はないと思っていたら、この銀行は間もなく別の銀行に合併されることになったから、早目にやめておいて良かったのかもしれない。

結局、第3番目のエンジニアたちの努力の大半は報われなかったというのが、金融ビジネスの実態ではないだろうか。しかしまだまだ諦めるのは早すぎる。実際2005年の春、日本を代表する金融ビジネスに東京工業大学出身の執行役員が出現しているし、今後も国際化が進む中で、日本の金融ビジネスでも、より多くのエンジニアが前面に出る時代がやってくるだろう。それがいつになるかは分からない。しかしトヨタ自動車やソニーが金融に参入していることから見ても、そう遠くない将来、文系ゼネラリスト王国は、本来あるべき形に変わってゆくことになるだろう。

資産運用理論の研究を行ってきた私は、ビッグバンとともに外資の傘下に入ったある証券会社が、折角いい仕事をしてきた研究部門を廃止してしまったとき、この業界の将来に重大な疑問を抱いた。しかしそれでも私は、依然として資産運用理論研究を続けている。いずれはわれわれの仕事が評価される時代がやってくるだろうし、日本ではダメでも世界があるからである。しかし本音を言えば、日本人である以上は、日本の資産運用ビジネスに研究成果を使ってもらいたかった。

使ってもらえなかった責任は私にもある。そもそも私の提案した方法が、日本社会には馴染まないものだった可能性がないわけではない。役に立てるつもりで役に立たなかった研究は、世の中に掃いて捨てるほどある。大半の〝研究〟はそんなものである。

しかしもっと根本的な原因は、私の側にこれを実務の世界に売りこもうという熱意が足りなかったことだ。もし私にペロルドの10分の1の商才があれば、自分のモデルをもとにソフトウェアを作って、積極的に企業に売ることを考えていただろう。しかしビジネスの世界に乗り出すためには、お金に対する強いインセンティブが必要である。

学生時代の経験がもとで、私は統計学者や経済学者になりたいと思わなかったし、なれるとも思わなかった。それと同様に、子どものころの経験や十代に読んだ小説の影響で、私は〝金儲け〟にある種のうしろめたさを感じていた。

金銭に対するあくなき貪欲さ、これが金融ビジネスで成功するための条件である。このような貪欲さを持たないものは、真理に対する探究心を持たない研究者のように、成功する見込みはないのである。

20▼2000年のそろい踏み

1999年夏、中公新書の編集部から、金融工学に関する一般向けの本を執筆して欲しいという依頼が舞い込んだ。当時の私は、理財工学研究センター長として超多忙な日々を過ごしていたが、この仕事だけは断るわけにいかなかった。

編集部が言うとおり、専門家として世間に流布している金融工学に対する誤ったイメージを修正する責任があることは確かだし、センターを世間にアピールするうえでも大きな効果があるだろう。

幸運なことに、私は4月から日本経済研究センターの会報に、金融工学の解説記事を執筆していた。1回につき400字×7枚ほどの記事を10回分書きためてあったから、これを核にすれば何とかなるはずである。

時はまさに、第2次金融工学ブームのピークを迎えていた。1999年秋には、『金融工学の悪魔』、それに続いて『金融工学の救世主』という世間を驚かすタイトルの書籍が出版され、どちらもベストセラーとなった。しかしこのブームが続くのは、あと半年かそこらだろう。

早く書きあげなくてはならない理由はほかにもあった。京都大学の刈屋武昭教授が、岩波新書から金融工学の本を出版するということだったし、東京大学の野口悠紀雄教授もこの種の本を書いているという噂があったからである。

刈屋教授の本は、何年も前から当の本人から話を聞いていた。しかし、岩波書店の関係者は、著者超多忙のためなかなか完成しないとコボしていた。だからこちらはまだしばらく時間がかかるだろう。

問題は野口教授である。この人はいったん書きはじめれば、「超」高速執筆で3カ月もあれば書き終えるにちがいない。しかしこのユビキタス教授は、あちこちに連載記事を書きまくっているうえに、先端経済工学研究センターの雑務もあるはずだから、私が半年以内に書きあげれば、二番煎じのリスクはそれほど大きくない。

そこで私は毎週1章ずつ原稿を書く計画を立て、毎朝6時半から9時までと週末を執筆にあてた。そして10月からは、毎週1章ずつ学生諸君に原稿を渡して、内容をチェックしてもらう〝契約〟を結んだ。いったん契約が成立すれば、エンジニアとして絶対に納期を遅らせることはできない。

日経センターの原稿70枚があったおかげで、計画どおり約8週間で約300枚の原稿が完成した。その後、10人の学生諸君のコメントをもとに4週間で改訂を施し、2月はじめには完成原稿を出版社に送り届けた。数式を極力少なくし、マーコビッツ、ブラック、ハリソン、プリスカらに関する〝私だけが知っている〟逸話を盛り込んだこの本は、一般の人から見ても十分に面白い内容になっていると自負していた。

ところがその後、編集部から思いがけないクレームが付いた。「もっと数式を増やして下さい。経済学者を批判するような部分は全部削って下さい。個人的な情報もなるべく削って下さい」というのである。

数式1本で売上げが10％減るのが出版業界の常識だというのに、あえてこれを要求するのは、この本を類書より格調高いものとしたいからだという。経済学者批判は、彼らを刺激するのは賢明とはいえないし、個人的なことは一般の人にとって興味がないからだという。

1995年に同じ中公新書から『カーマーカー特許とソフトウェア』を刊行したときは、書いた原稿がそのまま本になった。持ち込みの原稿がこうだったのに、依頼原稿であるにもかかわらず、ゴチャゴチャ言われて気分を害した私は、あわや編集者とケンカになるところだった。しかし編集者は、「依頼原稿ということは、出版社として力を入れている企画だということです。持ち込み原稿と違って、私たちも本気なのです」という。この説明を聞いて、いったん頭に上がった血流は心臓に戻っていった。

結局私は、編集者の要求のほとんどすべてを受け入れた。経済学者批判を削除し、数式を加えたため、この本はとても上品で格調の高いものに仕上がった。

２０００年４月に刊行された『金融工学の挑戦』は、丸善や八重洲ブックセンターで、何週間かにわたって新書部門の売上げ第１位を達成し、数カ月で約４万部を売り上げげた。その70％は都心地区の大手書籍店で、あとの２割が大阪、福岡、札幌などの大都市、そして地方ではほとんど売れなかったという。金融工学に関する関心の分布は、まさにこのとおりだったのだろう。

１カ月後の５月末、刈屋氏の岩波新書『金融工学とは何か』が出た。世間ではやや難しいと言われたが、金融の専門家から見るととても良くできた本だった。私は３回これを通読したくらいである。同書がどれだけ売れたかは知らないが、私の本とトントンだったのではなかろうか。

そして意外なことに、『週刊ダイヤモンド』誌の「２０００年経済書ベストテン」企画で、私の本が第７位、刈屋氏の本が第８位を占めたのである。エコノミストの評価を得たのは、エコノミスト批判を削ったせいだろう（それにしても、投票に加わった１００人のエコノミストたちは、本当に私の本を読んだのだろうか?·?·）。

『週刊ダイヤモンド』誌の書評で、日本経済研究センター理事長（当時）の土志田征一氏は、「この本の著者は、金融や経済に何かふつうでない感覚を持っているようだ」という趣旨のことを書いておられたが、これはまさに〝アタリ〟である。いかに経済学（者）批判を削ったとはいっても、その臭いはあちこちに残ってしまったのである。これに対して、オリジナル・バージョンを知っている学生諸君は、仕上がった本を読んで、そのあまりの品の良さに大いなる失望を味わったようである。

「超」効率野口教授の本は、同年10月に文春新書から『金融工学　こんなに面白い』というタイトルで出版され、当然のごとくベストセラーとなった（地方の書店でも売れたのだろう）。やはりこの種の本は、ネーム・バリューがものを言うのである。野口教授だけあって、これはとても分かりやすい本だった。金融工学の専門家から見るとやや物足りなさは残るが、一般の人は買って損はしなかったはずである。

「東京工業大学理財工学研究センター」「京都大学金融工学研究センター」「東京大学先端経済工学研究センター」の3センター長が新書刊行でそろい踏みした2000年は、第2次金融工学ブームの最終年度となった。そして野口氏の解説本のあと、この種の本は二度と出現することはなかったのである。

21 ガランドウ——国産技術を軽視する人々

理財工学に本格参入するときに設定した目標は、超大型のポートフォリオ最適化問題を早く解くことだった。これによって、マーコビッツが目指した資産運用を実現し、経済学者に仕切られてきたこの分野を、エンジニアの手に取り戻そうと考えたのである。

シャープがマーコビッツ理論を土台としてCAPMを導いて以来、資産運用はインデックス運用が中心となり、誰もマーコビッツの平均・分散モデルには振り向かなくなった。この結果、シャープがスタンフォード大学ファイナンス教授というポストを手に入れたのに対して、マーコビッツはニューヨーク市立大学という、超一流とは言えない人学につとめることになってしまった。

1984年のペロルドのブレーク・スルーは、マーコビッツ・モデルを復活させるかに見えた。事実、彼が作ったソフトウェアは世界各地で800セットも売れて、資産運用の現場で使われた。しかしそれでも、平均・分散モデルによる資産運用は、主流の地位を取り戻すことはできなかった。

手軽なインデックス運用が一定の収益を生み出すのに対して、マーコビッツ・モデルが必ずこれを上回る成績をもたらす保証はない。したがって、面倒な平均・分散モデルを解くよりも、手間や取引コストの少ないインデックス運用のほうが良い、ということになったのである。

しかし、インデックス運用は完全な他人任せの運用である。市場全体が好調な場合は良い成績をあげるが、市場の成長が鈍化すれば成績は落ちてくる。また市場が下降方向に入ると、インデックス運用は間違いなく損を出す。だからいずれ、正統派のマーコビッツ・モデルの出番が回ってくるだろう。こう考えた私は、平均・分散モデルの改良と、それに基づく資産運用の研究にエネルギーを注入した。

平均・絶対偏差（ＭＡＤ）モデル、平均・分散・歪度モデル、大型平均・分散モデルの効率的解法、株式・債券統合モデルとそれを用いた国際分散投資、取引コストの下での資産運用モデル、平均・リスク・モデルによる少額資産運用などに関わる約50編の論文は、この種の研究の成果である。

１９８８年に立てた目標、すなわちマーコビッツの思想に基づく大型資産運用に関わる技術開発は、20世紀最後の年にほぼ達成された。もし私が米国人で、ビジネスの才覚があれば、ミリオネアくらいにはなれたかもしれない。しかし私は90％日本人であるうえに、ビジネスの才覚もない。経済学でいう比較優位の原理に照らせば、自分自身でビジネスを起こすよりは、研究や教育に特化したほうが社会的に見て望ましいはずである。

それでも私は、資産運用ビジネスがこれらのモデルを、インデックス運用とは異なる年金運用や、個人の資産運用に役立ててくれることを願っていた。

この希望は部分的には実現された。しかし残念なことに、それらのほとんどは海外での出来事だった。１９８９年の債券運用モデル、97年の国際分散投資モデル、そして最近の取引コストの下での資産運用モデル、ロング・ショート・ポートフォリオなどがそれである。これに対して、国内で利用されたのは、ＭＡＤモデルによるポートフォリオ構築とコンパクト分解、それに債券インデックス・モデルなど数えるほどしかない。

そこで、株式・債券統合モデルに関わる、まことに情けない物語を紹介しよう。

マーコビッツの平均・分散モデルは、本来どのような資産に対しても適用可能なものである。資産の収益率分布が分かっていれば、対象は株式だけでなく債券やデリバティブ、あるいは金や通貨であっても良いのである。マーコビッツは、１９５９年に書いた著書『*Portfolio Selection*』の中でこのように述べているし、多様な資産への資金配分を行うアセット・アロケーションでは、それぞれの資産クラスのインデックスを対象とする平均・分散モデルが用いられている。それ以外に適当な方法がないからである。

ところが、いったん各資産クラスへの配分比率が決まると、それから先は、それぞれのファンド・マネージャーが、ほぼ独立に資金を運用するのである。

しかし、ここにはいくつかの重大な問題がある。まずインデックスの信頼性である。果たしてインデックスは、その資産クラスを適正に代表したものと言えるのであろうか？　またインデックスは、しばしば入れ替えが行われるため、そのたびに大きな入れ替えコストが発生する。さらに、各資産クラスが独立に運用されるとなると、当初予定していたリスク・リターン構造が実現されるとは限らない。

したがってもし可能ならば、株式と債券は同一のモデルで取り扱い、統合運用したほうが良いはずである。残念ながら、計算上の制約で、長い間大きな平均・分散モデルを解くことはできなかった。株式だけでもそうなのだから、これに債券を加えることなど思いもよらない。そのうえ、債券は株式と異なるリスク・リターン構造を持つので、両者を統一的枠組みでモデル化するのは必ずしも容易ではないのである。

この理論上の障壁を乗り越えるために苦労していたところ、金利変動に関わるヤシーヌ・サイトサハリアの画期的論文が発表される。その主要な結論の1つは、〝将来の金利の期待値は、現在の金利に一致する〟という、われわれにとって都合の良いものだった。

この結果、平均・絶対偏差モデル（MADモデル）を用いて、数千種類の株式と債券を同時に、しかも厳密に扱うことが可能となった。そこで、このモデルを用いて主要7カ国の株式・債券データに基づくシミュレーションを行ったところ、標準的なアセット・アロケーション手法よりかなり良い成績が得られることが分かった。気を良くしたわれわれは、このシミュレーション結果を、国内の資産運用ビジネスを代表する企業の研究者に説明した。大学の研究者が利用できるデータには限りがあるので、企業と共同でなければ本格的な検証はできないからである。

ところがこの研究者は、「そのような方法を使えば、パフォーマンスは改善されるに決まっています。しかし、われわれはそのようなものは使いません」と答えたのである。分かっているのなら、なぜそうしないのか？ そのようなモデルを作ることができるとは思わなかった、というのなら仕方がない。分かっていて使わないのは、投資家に対する背信行為ではないのか？

これに対してこの研究員は続けて言った。「そのようなモデルを使うと、これまで株式と債券を運用してきたファンド・マネージャーが失業してしまいます。したがって、そのようなものは使わないことになっているのです」

つまり企業としては、投資家よりもファンド・マネージャーのほうが大事だというわけである。そして最後に発したのは、「もしこのような方法が米国で主流となれば、われわれも使うかもしれません」という国辱的な言葉だった。

わが国の資産運用ビジネスのパフォーマンスの悪さは、国際的に知れわたっていた。これだけ運用成績が悪いことが分かっているにもかかわらず、なぜ人々が投資信託を買うのか。これは、この世界の七不思議の一つとされていたくらいである。私はこの会話を通じて、その理由が分かったような気がした。

投資家ではなく、ファンド・マネージャーのための運用。そして陋固たる対米コンプレックス。国内ではトップ級の資産運用会社ですらこうなのだから、あとは推して知るべしである。

情けない話をしたついでに、さらに嘆かわしい話をもう一つ。

1998年春から約半年の間、私はある年金基金の依頼で、3000億円にのぼる資産の運用基本戦略策定を行う委員会の委員長をつとめる機会があった。

会合は、1回2時間で合計5回と決まっていた。1回目は顔合わせ、2回目に背景説明、そして3回目になって大手投資顧問会社X社の担当者が運用原案を提示。3つの案のうちA案はあまりに悲観的、C案はあまりに楽観的でとても本気で提案したとは思えない。はじめから中間のB案以外に選びようがない構成になっているのである。

基金関係者は理事長以下全員が役所の天下りである。また銀行や役所から出ている委員は、一見もっともらしい意見を述べるが、20人近い委員の中で投資技術の専門家は私ともう一人だけという状況の中で、いまさらもっと精密な計算をやるべきだといっても手遅れである。こうして4回目の会合でB案が確定し、5回日はシャンシャンシャンでお終いとなった。

後で知ったことだが、X社のスタッフは、たいした委託料をもらえるわけでもないので、マニュアルどおりにやったということだ。

これでうまくいったら僥倖というものである。案の定、運用成績は芳しくなかった（悲惨だった）ため、3年後に基本戦略練り直し委員会の設置が決まり、再び委員長就任を求められた。しかし時代は変わり、委員長以下すべての委員の氏名や発言がインターネット上で流れるという。もし大きな損失を出せば、集団訴訟の対象となって、身ぐるみ剥がされるかもしれない。自ら本気で運用案作成に携わり、1億円単位の謝礼をもらうのであればともかく、前回同様1回2万円と聞いて、私はこの依頼を鄭重にお断りした。

これが、3000億円の年金基金運用の実態である。おそらく他の基金も大同小異なのではなかろうか。

ビッグバンを前にして、新聞は日本市場のウィンブルドン化に警鐘を鳴らしていた。わが国はデリバティブと資産運用で、米国に決定的に遅れていると。

1980年代以降、金融ビジネスに参入した優秀なエンジニアたちの努力によって、デリバティブに関する知識や技術は大幅に改善された。しかし最近の銀行は、この分野の研究から撤退をはじめている。一方、資産運用ビジネスには目立った改善があったようには思われない。実際、上で述べたとおり、投資顧問会社に頼っている投資家や年金基金の多くは、大きな損失をこうむったのである。市場が低迷する中で、やむをえない部分もある。しかし、資産運用パフォーマンスの悪さは、市場のせいだけではないのである。

１９８８年に設計した伽藍はほぼ完成した。残念なことに、中はがらんどうになっている。いつか誰かがここに住んでくれる日は来るのだろうか。

22 ▼ 個人投資家のためのポートフォリオ理論

その後私は、中小投資顧問業や個人投資家向けの少額資産運用に研究をシフトさせた。取引コスト／最小取引単位制約の下でのポートフォリオ構築や、リバランスの研究は、少額投資家を意識したものである。投資信託でみすみす損するくらいなら、自分で運用したほうが良いと考える投資家も少なくないはずである。ソフトウェア会社と協力して個人向けのソフトウェアを売り出せば、これまで市場に参入しようとしなかった賢い投資家を招き入れることができるかもしれない。

こんなところに舞い込んだのが、「日本FP（ファイナンシャル・プラナー）学会」設立に関する発起人就任依頼である。日本オペレーションズ・リサーチ（OR）学会、応用数理学会、JAFEEに続く4つ目の金融関連学会である（このほかに、2000年には「不動産金融工学会（JAREF）」、2003年には「保険・年金リスク学会」が設立されたが、幸か不幸かここには呼んでもらえなかった）。これまでのものとは違って、この学会は個人レベルの投資活動に対するアドバイザー集団、ファイナンシャル・プランナーたちを支援するための学会である。

同僚の白川浩氏は常日頃私を、「あちこちに子どもを生ませ、それを全部面倒見ている」と皮肉っていた。最近のDNA理論によれば、男が浮気して子どもを作るのは、自分の遺伝子を残すためだというが、私の場合は、「理財工学」という遺伝子をわが国に定着させるため、あちこちの学会に付き合ってきたのである。

本来であれば、OR学会一筋で良かったのであるが、ここでは理財工学は不当な扱いを受ける心配があった。何度も言うように、エンジニアは基本的に〝お金〟の研究は好きではない。この学会で、金融工学が正当な扱いを受けるようになるまでには、「投資と金融のOR」研究部会がスタートしてから10年以上の歳月が必要とされたのである。

当初OR学会に安心して子どもを託しきれなかった私は、応用数理学会に拠点を求めた。しかしここでは、数学者たちが難しい議論を戦わせているので、実務ベースのエンジニアには敷居が高い。

JAFEEでは、金融工学の確立を目指すべく精一杯頑張った。しかし、残念なことに私はここでも安住の地を見出すことはできなかった。数理計画法を用いた資産運用モデルや、信用リスク・モデルの研究に関心を持ってくれる人は、ここにはほとんどいない。数理計画法の応用としてのファイナンス研究は、経済系の人たちからすればOR学会マターなのである。

こうして私は、「さまよえるオランダ人」のごとく、あちこちの学会をわたり歩くことになった。

かねて、私は刈屋武昭氏の行動にも、オランダ人症候群を見出していた。この人の症状は私のレベルをはるかに超えているから、きっと私以上に苦労があったのだろう。

プリンストン大学のジョン・マルベー教授は、これからは米国でも個人投資家向けの研究が重要になると言っていた。実際、多くの研究者が、この種の研究にシフトしているということだった。ところがこの種の研究報告はきわめて少ない。

学として研究するからには、情報公開が原則のはずである。しかし米国のファイナンス研究者の究極の目的は、自ら会社を設立して資産家を相手にヘッジ・ファンドを運営し、大金を手に入れることである。したがって、彼らは研究成果を一般には公開せずに、裕福な個人向けの資産運用を請け負って、巨額の報酬を手にしている。

お金が第一の米国社会では、お金の研究をやっているのに金儲けをしないのは自己矛盾なのだろう。その証拠に、シャープはスタンフォード大学教授をつとめるかたわら、投資顧問会社を作ってコンサルティング・ビジネスに精を出していたし、ショールズ、マートンも同様だった。またビッグ・インカムを誇るジェンバ教授は、「ビッグ・スペンディングをカバーするにはビッグ・インカムが必要だ」と豪語していた。

私が知っている有力な金融経済学者の中で、ビジネスにノータッチという人はきわめて少ない。貴公子マイク・ハリソンは、〝あの強欲な奴ら〟と付き合うのに疲れて、早々とファイナンスの世界から足を洗ったが、もともと強欲な人がファイナンス研究をやるのか、それともファイナンス研究をやっていると強欲になるのか、いったいどちらなのだろう。

日本にも強欲な人はいるが、その度合いや分布は米国人よりはるかに低い。わが国の金融ビジネスが米国に太刀打ちできないのは、このあたりにも原因があるのかもしれない。

個人投資家のための資産運用理論。これは50年前にマーコビッツが平均・分散モデルを開発した際の目標だった。日本FP学会がこのあたりを狙っているとしたら、エンジニアとしてこれに協力しないわけにはゆかない。こうして私は4つ目の学会の理事になった。しかし残念なことに、この学会のメンバーのほとんどは、数学や統計の知識を持ち合わせていなかった。

私は日本FP学会の論文誌の第1巻第1号に、「少額資産運用のためのポートフォリオ最適化」と題する論文を載せた。精一杯やさしく書いたつもりだったが、会の顧問をつとめる牧野昇氏には、「何やら面白そうだがさっぱり分からない」と言われてしまった。牧野氏はもとはエンジニアだから、会の中では数理に明るい方だと思われるが、この人でさえもこうなのである。

しかし思いがけないところから支援の声が上がった。若いファイナンシャル・プランナーが、「これからの資産運用アドバイザーは、マーコビッツ・モデルくらいは知っておく必要がある」と機関誌上で援護射撃してくれたのである。

数学が苦手な人たちに、ポートフォリオ理論をどうやって教えるか。これはなかなかの難問である。しかし、私にはかつてこのような仕事をやって成功した経験がある。「大学教授の株ゲーム」の週刊誌連載がそれである。

あれから後、評論家のレッテルを剥がすべく、ひたすら難しい問題と付き合ってきたが、これから先は、数学的素養が十分でない人たちにポートフォリオ理論を教えることが、最も意義のある仕事になるかもしれない。

23 ▼ 金融敗戦から国家崩壊へ

1990年代はじめ、日本の金融システムは崩壊への道をつき進んでいた。しかし、当時このことを的確に見通していた人はごく少数だった。ほとんどの人は、大本営発表に騙されていたのだ。金融ビジネスの実体を知っていた私は、かなり不安を覚えたが、あのような大崩落が待ちかまえているとは思わなかった。それは私が、楽観的なエンジニアたちにとりまかれた生活を送っていたためである。

「銀行や証券会社が大変だからといって、それがどうした。わが国には世界に冠たる製造業がある。金融業のGDPシェアは、製造業の4分の1以下にすぎない。この程度の規模のビジネスが弱くなったからといって、それほど心配する必要はない。それに日本の銀行がつぶれても、世界中の金融機関が製造業にお金を貸してくれるはずだ」

製造業至上主義のチャンピオン唐津一氏は、米国金融機関の意図を知ってか知らずか、このように檄を飛ばしていた（いまでも飛ばしている）。このころの技術者は、まだ金融という営みが製造業にとってどれほど大事か気づいていなかった。

われわれＯＲを学んだ者は、金融（お金）が生産（モノ）と不即不離の関係にあることを知っている。製造業がうまく機能するためには、金融システムが適切に機能することが必須の条件である。ところが機械、化学、土木など、伝統的分野のエンジニアの多くは、このような構造に対する認識は希薄である。製造業は金融とは独立に、世界における競争優位を確保できると考えていたのである。しかし製造業とて産業社会の一員にすぎない。金融ビジネスが弱体化し、これが社会の様々なところに影響を及ぼすようになると、製造業もただではすまないのである。

エンジニアが金融ビジネスの惨状に眼を向けるようになったのは、おそらく１９９８年正月以降のことだろう。『日本経済新聞』の一面に元旦から連載された金融敗戦論が、日本中に衝撃を与えたのである。東京工業大学「理財工学研究センター」構想が、大学の概算要求で上位を占めることができたのは、このようなムードに後押しされてのものだったが、ともかくエンジニアたちは最後まで〝楽観〟していた。

私が日本の行く末に深刻な危機を覚えたのは、政策当局が金利をどんどん下げはじめたときである。１９９１年には６％だった公定歩合は、94年には２％を切り、96年には０・５％まで下落した。長い資本主義の歴史の中で、長期にわたって４％以下の金利が続いたことはほとんどない。

現在も続いている0・1%の金利水準は、工学的に言えばゼロである。そのうえ一部の経済学者は、デフレーションが進行する中ではこれでも金利が高すぎるから、現金に課税するマイナス金利政策を導入すべきだなどと叫んでいた。

金利が引き下げられたのは、不良債権に苦しむ銀行の収益を改善するため、またバブルの後遺症に苦しむ企業の金利負担を軽減するためだった。これらの企業がつぶれれば国民全体に大きな影響が及ぶ。したがって金利を引き下げて、この危機を逃れようとしたのである。

しかし金融当局は、これによって生まれる社会全体の歪みには眼を向けなかった。金利低下は、確かにこれらの企業を延命させる効果はあった。しかしこのとき一般国民は、それまで受け取っていた金利収入の激減に見舞われた。1400兆円の個人金融資産に5%の金利が付けば、年間70兆円の収入が国民にもたらされる。ゼロ金利が3年続けば200兆円、国民1人あたり約200万円の金利収入が失われたことになる。この10年を通算すれば、1人あたり1000万円に近い金利収入が奪い取られたのである。

本来であれば、資産運用ビジネス（生保や年金資金など）が、お金を積み立てた人々を代表して、金利引下げの逆効果についてキャンペーンすべきだった。しかし（当時の）生保業界は、大蔵省銀行局の末端の課長に首の根を押さえられていた。いまここで大蔵省にたてつけば、別のところでいじめられる……。

一方、年金基金の運用を担当している組織の役員は、すべて大蔵省や厚生省の天下り官僚である。彼らが大蔵省を批判すれば、罷免されるのがおちである。結局、金利収入をあてにしている人々の利益を代表して発言する人は、どこにもいなかったのである。

私にとって金利低下の影響が目に見える形で表れた最初の事件は、国際交流基金に日米シンポジウムの経費補助をお願いしたときである。１９９４年時点で金利は２％台に落ちていたが、この基金はまだ多少の余裕はあったようである。われわれは約８００万円の補助金をいただいて、95年に日米シンポジウムを開催した。しかし、97年に2回目を開催しようとしたときには、金利は１％になっていた。この結果この基金は、人件費を捻出することにも苦労していた。

一方私は、１９９５年に福岡で開かれた日本オペレーションズ・リサーチ（ＯＲ）学会の研究会に出席して、博多の街に出現した「キャナル・シティ博多」の豪華さに驚愕した。こんなぜいたくな施設に、いったいどれだけお金がかかったのだろう。おそらく数百億円に達するはずだ……。学会の特別講演に招かれた関係会社の社長は、ビジネスがきわめて順調であることを印象づける講演を行った。

夕方のパーティーで、私は不躾を承知で質問をぶつけた。「金利が３％になったらどうなるのですか？」と。答えは「すぐにつぶれます。しかし、当分金利は上がらないということなので、別段心配していません」ということだった。金利が３％になったら倒産するビジネスが、１％だから成り立っている。つまりこの会社は、国民全体の負担でまかなわれているのである。

経済学者は、いまごろになってこれまでのデフレーションは、効率の悪い企業が多すぎたことに原因がある、と言っている。しかしこれを許したのは、彼らが支援（少なくとも容認）した低金利政策だったのである。この時代に1％以下の金利だけを納めて、元本を返すつもりのないような企業が次々と生まれ、しかも「成功している」と胸を張っていた。

イトーヨーカ堂名誉会長の伊藤雅俊氏は、２００３年4月に『日本経済新聞』の名物コラム「私の履歴書」の中で、次のように書いている。

「借りた金は返すのがあたり前と思っていた私は、60年代に三井銀行副頭取の田中久兵衛氏から『約定どおり返済するのはあなただけだ』と言われて驚いた。金利を払えば元本を返さなくてもいい、というのがいつごろからかこの国では常識になっていたようだ……」

１９６０年代にすでにこうなっていたとは知らなかったが、それでもこの当時の金利は5％くらいはしていたはずだから、それくらいの収益をあげることはできたのだろう。ところが95年には、3％の金利すら返済できないような呆れたビジネスが、あちこちに生まれていたのである。

１９４０年生まれの私は、本来ならばもう年金生活に入っているはずである。東京工業大学を停年になった後、幸運にも中央大学にポストを提供され、年齢には不相応な収入を手にしているが、月収20万円程度の収入しかないのがわれわれの年金世代である。

確かにこの世代は、若者に比べれば大きな蓄積を持っている。しかし彼らは将来のことを考えて、元本をなるべく取り崩したくないと考えるのだ。〝貯蓄が減る〟のは、ほんの少額でも不安なものだからである。2000万円の貯蓄を持つ老夫婦は、これには手をつけずに、20万円の年金でつつましく生きようとするだろう。エコノミストたちは、それはバカげていると批判する。しかし人間とはそうしたものである。

定期預金の金利が4%だったとすれば、2000万円の預金には税引きで60万円の利息が付くから、老人たちはこの所得を様々な用途に使うだろう。あるいは20万円の預金を引き出して、80万円で大型壁掛けテレビを買うかもしれない。来年また60万円の金利が付いてくるのだから、20万円はそれで補塡すればいいというわけである。

国民に支払われる4%の金利、すなわち50兆円の大半は消費にまわる。不況の原因はいろいろあるだろう。しかし私は、国民の金利収入が、わけの分からない企業がたれ流した借金の尻ぬぐいで浪費されたことが最大の原因だと考えている。

1997年と2000年に刊行した本の中で、私はこのことを訴えた。また生命保険会社や年金資金の責任者にも、このことを新聞やテレビでキャンペーンするよう呼びかけた。しかし、残念ながらエンジニアの発言は黙殺されてしまった。金融はいまも法経上位社会であり、誰もエンジニアごときの〝政策〟提言には耳を貸してくれないのである。

法経上位体制は明治以来の伝統であり、これを打破するのは容易なことではない。しかしそう言っている間にも、日本という船は浸水を続けている。

24▼本質的な研究とは何か

私が白川浩氏にかわって『理財工学Ⅱ』を出版したのは1998年11月のことである。そしていつものとおり森口繁一教授に同書を贈呈した。自信作『理財工学Ⅰ』のときにいただいたのは、儀礼的な葉書だけだった。もし森口先生が現役だったら、必ずや金融工学に参入してチャンピオンになったはずだと考えていた私は、かなりの失望感を味わった。「やはり先生も金融はお嫌いなのか?」

一方、今回お贈りした『理財工学Ⅱ』は、拙速でまとめたため仕上がりは満足すべきものとは言えなかった。しかし、書いた以上はお届けしないわけにいかない。おそらく今度も儀礼的な葉書しか来ないだろう、と思っていたところに封書が届いた。

「今野浩君

いつも御著書をお贈りいただき感謝しています。このところ貴君が理財工学でがんばっていることは承知していましたが、詳しい内容までは知りませんでした。今回新著をいただいた機会に、『理財工学I』と併せて読んでみました。

このたび2冊とも読了しましたが、エンジニアとしての貴君の心意気が伝わってくるような気がしました。資産運用に関わる実務的問題を数理計画法を用いて解決しただけでなく、これを後輩たちに向けて分かりやすく解説したのは素晴らしいことです。説明も十分良くこなれていて、申し分のないできあがりだと思いました。

しかしここで1つ考えてもらいたいことがあります。貴君がやった仕事は、数理工学の研究としては大変面白いものですが、私には何か1つものたりないのです。

これらの研究はこれでよいのですが、できればこれから先、わが国の金融システム全体を抜本的に立て直すための仕事をしていただけないでしょうか。では今後の御活躍を期待しています。

森口繁一」

現役バリバリだった時代の先生の評価基準は、一にも二にも「役に立つこと」だった。いずれ役に立つかもしれない奥深い理論より、すぐに役立つツールの開発を大事にされたのである。この立場からすれば、面白くて役に立つ研究ならそれで良かったはずである。しかし私の仕事はただ面白いだけで、本質的なものを欠いているというのである。

60代半ばを超えたころから、先生の考え方に変化があったことには気が付いていた。先生御自身、面白いことを目指して様々な仕事をされてきたが、何か本質的なものを置き忘れてきたと感じられたのかもしれない。

私は学生時代から、実用第一の森口イズムに忠実でありたいと考えてきた。しかし、若いころはそう簡単に割り切ることはできなかった。学生時代の私が落ちこぼれになったのは、生活に追われたこともさることながら、自分がやっていることが本質的なことなのかどうか、確信が持てなかったためである。

1980年代後半に理財工学に参戦してからは、ひたすら役に立つ(はずの)問題を解き、論文に仕上げることに邁進してきた。レベルの高い論文を量産することによって、エコノミストたちを打倒したい、ペロルドを代表とする米国の研究者に一矢報いたい。こう考えてエンジン全開で走り続けてきたのである。

研究をはじめて5~6年したころには、(少なくとも自分の中では)この目標はある程度達成された。しかしこのときの私は、論文量産競争にはまりこんでいた。年に5編以上の論文を書き、なるべく早く100編の大台に乗せたい……。質は量のあとについてくるのだから、これで良いはずだった。

ところが、面白ければ何でも良かったはずの森口先生が、もっと本質的なことを考えろ、と苦言を呈されたのである。駆け出しだった当時、「エンジニアはHowだけ考えればよい。君のようにWhatを考えるエンジニアは二流だ!!」という大物東大教授の言葉に反発して、たとえ二流と言われてもWhatを考えるエンジニアになろうと決意したはずの私が、いつのまにかHowだけを考える〝一流の〟エンジニアに成り下がっていた。

果たして、私がやってきたことは本質的なことだったのだろうか。内容に自信のある論文がまったくないわけではないが、後世に残るものは3編か4編だろう。つまり100編のうちの95編は、たんなる数合わせにすぎない。

しかし、いまさら〝本質的〟な研究をやれと言われても、もう時間がない！　3年もしないうちに停年になる。その先は、研究を続けることができるかどうかさえはっきりしないのである。

1999年4月、新設された理財工学研究センター（CRAFT）に赴任したのは、経営システム工学科から移籍した白川浩助教授である。このあと間もなく残りの3人もやってきたが、全部合わせても白川氏のエネルギーには及ばなかった。もちろん、彼らも近い将来この分野を背負って立つ逸材たちだが、白川氏は並外れたエネルギーで彼らを圧倒していた。センター長の私も、停年を前にして出力が落ちはじめていたから、エネルギーで言えばたかだか白川氏の半分止まりである。

センター設立が決まってから、白川氏はそれまでやってきた数理ファイナンス研究を中断して、実務的仕事に全力投球するつもりだと言っていた。「このセンターは、10年間の時限組織だから、5年目には中間評価が実施されるだろう。もしそこで×が付いたら、6年目以降どれだけ頑張っても、10年後に生き残る可能性は小さい。そこでこの期間は、文部科学省との約束である産官学プロジェクトに集中し、5年後の評価をパスしたらまた自分の研究に戻ろう。それまでには、他の3人の誰かが新たな産学プロジェクトを立ち上げてくれるだろう……」これが白川氏の考えだった。

私は白川氏の熱意に圧倒されたが、その一方であまりにも極端な考え方に不安を覚えた。もちろんプロジェクトは大事である。しかし大学人の業績評価基準は、第一に学術論文である。もちろんこれから先は、プロジェクト運営能力や特許取得などの実績も加味されるだろう。しかし何年にもわたって1編の論文も書かなければ、教授昇進の際に大きなハンディキャップになる。

そこで私は、プロジェクトは大事だが、論文につながる研究にも3分の1程度の力を割かなくてはいけないと言い続けた。このことが原因で、白川氏との間に溝ができはじめていたが、先輩としてこれだけは言わなくてはならない。

10年の付き合いの中で、この人物が典型的な0－1人間であることは熟知していた。何にしても中途半端なことはできない性格なのである。走り出したら止まらない原子炉だから、止めるとしたら走り出す前でなくてはいけない……。ところがセンター設立が決まった時点で、この男はもう走り出していた。

1999年正月、白川氏はA4判×10枚ほどの書類を携えて私の部屋に現れた。4月からスタートさせるプロジェクトのプロポーザルである。私はその書類を読んで鳥肌が立った。わが国の金融システムを根底からひっくり返す、画期的なアイディアが盛られていたからである。

私はかねて白川氏の数理的能力には舌を巻いていた。類い稀なる数学的才能、これは学科の全教官が認めていた。しかしここに盛りこまれたアイディアは、白川氏のもう1つの才能、すなわちビジネスの世界での企画力、構想力の素晴らしさを表していた。

それは、インターネット上でのオークションによる中小企業に対する直接融資システム、いわゆるネットワーク・ファイナンス・システムのアイディアであった。企業の信用リスク（倒産リスク）を高速に計算するシステムを作り、これに基づいて適正な融資金利（ベンチマーク）を求める。そしてこれをネット上で公開することにより、投資家のオークションによる直接融資を実現しようという計画である。

当時の日本の銀行は、中小企業に対して資金を貸し渋っていた。それどころか、貸し剥がしと言われるほどの過酷な資金取り立てまで行っていた。このため中小企業は、いくら将来性があっても、銀行から融資を受けることはできず、高利の金融業者に頼らざるをえなかった。その金利は年20％近くに達していた。銀行は本来ならば、有望な中小企業に融資すべき資金を、これらの高利金融業者に融資して、大きな利潤をあげていたのである。

中小企業でも、将来性がある企業には、7～8％の金利で十分にリスクをカバーできるはずである。ところが、銀行は担保がなければお金を貸さない。一方、有望な企業に対して投資したいと考える個人や資産家は、一定の割合でいるはずである（かく言う私もその1人である）。銀行にお金を預けても、年利0・0×％というゼロ金利の中では、リスクが少なければ、7～8％はおろか2～3％でも貸したいと考える個人はいくらでもいる。

投資したくても情報がない（これらの情報は金融機関が一手に握っていた）ため、その機会を奪われ、0％の金利で預けている投資家と、優良であるにもかかわらず高利で泣かされているビジネスをつなぐシステム、これはインターネットを利用すれば実現できるのである。

もちろん、このようなシステムを実現するには様々な障壁がある。効率的な信用リスクの計量システム、企業の機密情報の保護、金銭のやり取りに関わるセキュリティ・システム、信頼できるネットワーク・システム、財務データベースの構築……。5年前であればこれらの課題をクリアすることは不可能だったが、いまなら可能だという。

しかし、これだけ巨大な構想を実現するには、多額の研究資金とマン・パワーが必要である。おそらく国家レベルの支援がなくては実現しないだろう。またかりにそれができたとしても、先に挙げた技術的問題をすべて解決するのはけっして容易ではない。どれ1つを取っても、様々な難しい問題を抱えている。

また、一般の投資家が中小企業に直接的に資金を提供することになれば、銀行は重要な収益源を失うことになる。貸し剥がしをする一方で、彼らはこれから先は中小企業への融資が重要だと言っているから、いざプロジェクトがうまくいきそうになると、銀行はこれをつぶしにかかるかもしれない。

そこで私は、これらの疑問のすべてを白川氏にぶつけた。質問はほぼ半日にわたって続いたが、白川氏はそのすべてについて具体的な対応策を説明してくれた。この結果私は、このプロポーザルがたんなる思い付きではなく、きわめて周到に考え抜かれたものであることを知った。聞けばほぼ丸3カ月かけて、練りに練った構想だという。

このとき私は、センターの将来をこの天才に賭けてみる気になった。もちろん不安がないわけではなかった。しかし白川氏の情熱と能力をもってすれば、まったく不可能だとは思えなくなったのである。

すでに私自身は、これまで続けてきた研究をベースとする産学プロジェクトを立ちあげていた。こちらは白川プロジェクトの壮大さとは比べるべくもなかったが、確実に成功することが分かっている内容である。失敗のリスクをはらんだ巨大プロジェクトと、必ず成功する小さなプロジェクトの組合せは、リスクとリターンをバランスさせる理財工学の大原則にも合致している。

もし白川プロジェクトが成功すれば、「理財工学研究センター」は、わが国の金融産業の歴史に名を残すことができる。そうなれば、10年後には世界のセンター・オブ・エクサレンス（COE）として、確固たる地位を築くことができるだろう。私はセンターの担っている重責を考えて身体が震えた。

プロジェクトは、金融機関、コンピューター・メーカー、ソフトウェアハウス、コンサルティング会社、格付け会社それぞれ1つの協力を得て、1999年6月にスタートした。このために白川氏は、3カ月の間に30社近い会社を走りまわった。100万キロワットの原子炉はフル出力で動きはじめたのである。

私は、このプロジェクトに直接的には関与しなかったが、それでも時々研究会に足を運んだ。そこでは、情報システム、セキュリティ、データベースなどに関する専門用語が飛び交っていたが、私はほとんどその内容を理解することはできなかった。

白川氏は数学や金融についてだけでなく、いつの間にか情報システムに関わる最新知識までマスターしていたのである。いったいいつの間にこんな勉強をしたのかと思われるほど、企業の情報技術者と対等以上にわたりあっていた。真の「スーパーマン」とは、彼のために用意された言葉である。

当時の私は、この活動を横から眺めているだけだった。しかし、このプロジェクトのコア（中核）の1つである倒産確率推計モデルの話を聞いて、空になっていた大脳レジスターの1つが反応した。数理計画法の新技術を使えば、このモデルを改良できるはずだ……。

白川氏たちは、倒産確率の推計に関して様々な方法を比較検討した結果、多数の中小企業を対象とする唯一の現実的な方法は、ロジット・モデルのあてはめであるとの結論に達した。そして2000年には、それに基づくCRAFTスコアを公開した。しかし、このモデルには倒産確率が指標に関して一方向性を持つこと、また指標間の相互関係をモデル化できないことなどの欠陥があった。この欠点を改良するために開発したのが、半正定値ロジット・モデルである。

当時の私は、古くからの友人であるマンガサリアン教授（ウィスコンシン大学）の乳癌検診モデルに触発されて、企業の倒産判別の研究にとりかかっていた。従来の超平面による倒産判別を、超楕円面に拡張するモデルである。線形ロジット・モデルに比べると、半正定値計画問題を解かなくてはならないので、必要となる計算量は1ケタ以上多くなるが、推計される倒産確率の精度はかなり向上するはずであった。

乳癌検診の場合は、精密に計測された物理的データを対象とするのに対して、中小企業の財務データの信頼性は低い。このため、乳癌判別のような95%を超える結果が得られる可能性は小さいと思っていた。しかし様々な工夫を施した結果、当初の予想を上回る良好な成績が得られたのである。

当初私は、このモデルをCRAFTスコアに埋め込むつもりでいた。しかし、白川氏は私の呼びかけにこたえてはくれなかった。このプロジェクトは自分がすべてを取り仕きりたいので、たとえセンター長といえども干渉しないで欲しい……。これは、私の協力がなくてもこのプロジェクトは大丈夫だ、という意思表示だったのだろう。私は少々失望したが、それならそれで仕方がないと考えた。

捨てる神あれば拾う神あり。東京工業大学を停年になって中央大学に移った直後に、日本格付研究所（ＪＣＲ）から共同研究の依頼が舞い込んだ。２００１年３月に、あるセミナーで講演したところ、会場にいたＪＣＲの竹内幹博氏が鋭く反応したのである。その後１年あまりに及ぶ共同研究によって、ＣＲＡＦＴスコアを上回る結果が導かれる。そして２００２年７月には、ＪＣＲから新たなシステムがリリースされた。

国産の信用リスク・モデルを用いて、多数の中小企業の倒産確率を推計し、これに基づいた適正な金利を算定する。そして将来性のある中小企業に対して適正な金利で資金を提供し、わが国の産業を再生させるという、これまでに経験したことのない壮大なプロジェクトである。これならば、森口先生の期待に叶う仕事と言えるかもしれない。しかしこのことを報告する直前に、先生は永眠されてしまった。

果たしてこのシステムは、わが国で受け入れられるであろうか。うまくいけば、モデルや計算方法に改良を加えることによって、さらに良いシステムの開発につなげることができる。そしていずれは、ムーディーズ社やS&P社の、手の内を公開しない傲慢な格付けを覆す、わが国独自の格付けが可能となるだろう。

しかし、対米従属思想に染め上げられている金融ビジネス界を、国産システムに乗り換えさせることはできるだろうか。そのためには、もう1ケタ上の技術を実現することが必要なのかもしれない。

このとき財務指標をうまく選ぶと、両側で約83%程度の判別ができる。つまり倒産と判別した企業の中で倒産するものが83%、非倒産と判別されたものの中で、実際に倒産する企業が83%となる。

これに対してわれわれが提案したのは、e の肩にある関数を2次式

$$g(x) = a_0 + \sum a_j x_j + \sum\sum b_{ij} x_i x_j$$

で置き換え、さらに$g(x)$の等高線が楕円面になるように制限するモデルである。

この方法を使って約8000社の企業について判別を行ったところ、判別精度が85%強に上昇することが示された。わずか2%の改善にすぎないと思われる方もおられるだろうが、2%の改善は実務上きわめて大きな意味を持っている。われわれの究極の目標は、両側で90%の精度を実現することであるが、中小企業財務データは信頼性を欠くものが多いので、これを実現するのは容易なことではない。

これから先、財務データだけでなく定性的データも組み入れたモデルを作れば、より精度の高い判別が可能になるだろう。しかしどう頑張っても90%の壁を乗り越えるのは難しそうだ。

Column #07

倒産判別と信用リスクの計量

企業の信用リスク（倒産などによって負債の支払いが行えなくなるリスク）を測る方法として、最も権威を持っているのが、S&P社やムーディーズ社などによる格付けデータである。

たとえば、ムーディーズ社のAAA（トリプル・エー）の格付けを持つ企業の倒産確率は、0.3%以下（1000社のうち3社以下）だとされている。しかし、格付けデータが利用できるのは大企業だけである。また格付けには、その評価方法が公開されていないという欠点がある。

格付けデータが利用できない企業の信用リスクを計測する方法としては、各企業の財務データを用いて、企業を倒産グループと非倒産グループに分類する判別分析が、1960年代以来米国において大発展した。しかしこの場合、2つのグループのデータがしたがう確率分布に対して、様々な仮定をおくことが必要となる。

これに対して、確率分布を仮定せずに多数の企業の倒産確率を求める方法の1つがロジット・モデルである。たとえば負債比率という財務データを考えると、この比率が高い企業ほど倒産する企業が多いことが分かっている。

財務指標がk個あるときには、ロジット関数

$$F(x_1, x_2, ..., x_k) = \frac{\exp(a_0 + a_1x_1 + \cdots + a_kx_k)}{1 + \exp(a_0 + a_1x_1 + \cdots + a_kx_k)}$$

とおき、過去の倒産、非倒産企業の財務データを利用して定数a_j, b_j $(j = 1, 2, ..., n)$を最尤推定法で推定する。そして現在存続している企業の財務データに対してFの大きさを計算し、その値が一定以上であれば倒産、そうでないときは非倒産とするのである。

25 ▼ 金融工学研究の競演

東京工業大学「理財工学研究センター」が発足したのは、1999年4月である。このとき、私に残された時間は730日しかなかった。

最初の1年間に受けた新聞や雑誌のインタビュー、執筆、講演依頼は、優に50件を超えた。第2次金融工学ブームと完全に同期していたためである。このブームがなければ、文部科学省の重い扉が開かれることはなかっただろう。

しかし、いったん開いた扉の先は予想以上の広がりを持っていた。翌2000年には、京都大学と一橋大学の申請がスンナリ文部科学省を通過した。そしてこれから先文部科学省は、大阪大学や北海道大学に対しても金融工学への参入を強力に働きかけるようになったのである。

京都大学の「金融工学研究センター」長として招聘されたのは刈屋武昭氏である。当時刈屋氏は興銀第一フィナンシャルテクノロジー（現、みずほ第一フィナンシャルテクノロジー）の理事をつとめていたが、このポストに在籍したまま、京都大学の専任教授に就任した。一橋大学のタレント教授中谷巌氏のソニー社外役員就任が人事院に拒絶された事件が社会的大問題となり、この年から大学教授の企業役員併任が認められるようになっていたが、刈屋教授のケースはこの最初の適用例である。

京都大学はこの年、経済学部に金融工学講座を新設し、東京都立大学から木島正明氏を引き抜いている。刈屋、木島コンビは、知名度、実績から言って、東京大学を上回る重量級である。われわれとしては、東の東工大、西の京大と言いたいところであるが、この年、一橋大学大学院国際企業戦略研究科「金融工学専攻」という強敵が出現した。

一橋大学は、金融理論では西の神戸大学と並ぶ老舗である。われわれが金融工学に参入した1980年代後半、刈屋武昭、三浦良造の両スター教授を擁する一橋大学は、ファイナンスでは東京大学を圧倒していた。彼らはこの分野の盟主としての地位を確定すべく、90年代はじめ以来様々なプランを練っていた。しかし学内の意思統一に時間がかかったためか、文部科学省がうんと言わなかったためか、なかなか具体化しなかった。これに業を煮やしたのか、刈屋氏は90年代後半に興銀第一フィナンシャルテクノロジーに転出した。実力教授の有力企業へのトラバーユは、新聞でも大きく取りあげられた。

刈屋教授の転出は、一橋大学にとっては大きな痛手となったはずである。しかし第2次金融工学ブームの中で、三浦教授の下で体勢を立て直し、商学部が中心となって神田一橋に設立したビジネス・スクールに、「金融専攻」を設置することに成功する。しかもこのとき文部科学省は、この組織に専任教官7名、うち新規ポスト3人という大盤振る舞いをするのである。東京工業大学と東京大学が新規ポスト1人だったのに比べると、破格の待遇である。人員だけではない。設備も全国の国立大学長たちが目を剥く超豪華版である。

折から東京工業大学は、一橋大学、東京医科歯科大学、東京外国語大学との間で「四大学連合」を模索している最中だった。そしてこの協議の過程で、一橋大学の石弘光学長が、東京工業大学と一橋大学の協力分野として、「金融工学」を提案した。確かにこれは両者にとってピッタリのテーマである。

しかしわれわれとしては、うかうかこれに乗れない事情があった。日頃から彼らとは学会レベルで付き合いのある仲間同士だから、研究上はあえて連合を組むまでの必然性はない。一橋大学の狙いは、研究ではなく教育協力にあった。

東京工業大学が〝研究〟センターであるのに対して、一橋大学はビジネスマンのためのMBAプログラムである。MBA教育には大変な手間がかかる。専任スタッフが7人いるとはいっても、毎年30人ものMBAを育てるのは容易なことではない。しかもスタッフの半数は数理ファイナンスと経済学の専門家で、金融〝工学〟の研究者は手薄である。そこでこの手薄な部分を、東京工業大学のエンジニアにカバーしてもらおうというわけだ。

四大学連合を推進する内藤喜之学長に、一橋大学との協力をサウンドされた私は、センター長として一コマくらいの講義は請け負わざるをえないと考えた。しかし、このあととんでもない話が伝わってくる。文部科学省は一橋大学を金融工学の東の拠点と位置づけ、いずれは東京工業大学の理財工学研究センターを吸収合併するようアドバイスしている、というのである。

内藤学長から合併について意見を求められたとき、私は蒼白になった。折角苦労して設立した目玉商品を一橋大学に提供する！　文部科学省としては、小さな組織がいくつもできるより、大きくまとまってくれたほうがいいのだろうが、一橋大学に吸収されたら物笑いの種だ。

そこで私は、「センター長としては、この件を認めるわけにはゆきません」と即答した。すると内藤学長は、「私はもともと反対でしたが、文部科学省がそう言っているし、一橋大学側はこれを受け入れる意向だというので、念のために聞いてみたのです。それではこの件は忘れて下さい」という。こうしてこの話は立ち消えになった。

しかし私は、吸収合併はありえない話ではないと危機感を強めた。この危機感の中で、われわれはさらに出力を高めた。こうして私は最後の年に、とうとう年間３５００時間労働という東工大スタンダードを達成することができたのである。

一方私は、年間４０００時間近く働いている白川浩氏に対して、いつも「やらなくても良いことまではやるな」と言い続けた。人柄が良いこの人は、ダメモト要求であっても受け入れてしまう性向があった。誰かがやればよい仕事でも、すべて引き受けてしまうのである。

私には白川氏が何を考えているか良く分かっていた。「自分が理財工学研究センターを背負って立っている。誰が何といっても、ここを守り抜かなくてはならない……」このような状況に追い込んだのは、センターはいずれつぶされるという恐怖心である。実績があがらなければ、10年で閉鎖になるかもしれないのである。

あれだけ働けば、健常な人でもいつか身体を壊してもおかしくない。ところが白川氏は、業病を抱えていた。一流銀行への就職を目指したこの人は、入社試験の健康診断ではじめてそのことを知る。1年間の療養の後大学院に進むが、このころから自分の生命がそう長くないことに気づいていたようである。良くいって50歳までの寿命。それまでに、やるべきことをすべてやってしまう。40代を目前にした白川氏に残された時間は10年あまりしかなかった。

２００１年3月31日、私は停年で東京工業大学を去った。そして同年の6月、白川氏が倒れたという知らせを受けた。しかし、私はこのとき病状がどれほど深刻か知らなかった。順天堂大学病院の検査のあと一時退院。そして10月に手術。翌年３月に再入院したときには、癌細胞は手の施しようがないほど白川氏の全身に広がっていた。

私は死の１週間前に白川氏を見舞った。大量のモルヒネを投与されていたためか、意識は虚ろだったが、わずかながら会話を交わすことができた。別れ際に、もうろうとする頭を立て直して発した氏の「残念です」という言葉がいまも耳に残っている。

42年の短い生涯だったが、白川氏は普通の人間の3倍の仕事をやった。天才は才能を浪費するという言葉があるが、白川氏にもこれがあてはまる。実際になしとげたことと、公になったことの間には大きな格差がある。論文、著書、後進の育成など、本来ならばもっともっと多くのアウトプットがあったはずである。

白川氏は逝った。あのような原子炉のように煮えたぎる情熱を持つ男を、私は彼以外に知らない。おそらく、100万人に1人の稀有な才能だったのだろう。

私は、誰かが彼の遺志をついで、あの壮大なプロジェクトを完成させてくれることを願っている。しかし原子炉が停止してしまった以上、これを望むのは無理かもしれない。わが国の金融システムを根本から変革するという構想は、偉大なる「20世紀少年」の死とともに消え去る運命なのだろうか。

26 ▼ 誤算

2004年4月、国立大学は「独立大学法人」として新しいスタートを切った。この制度変更は、わが国の大学システムにどのような変化をもたらすのだろうか。分からないことが多い中で、はっきりしていることは、強い大学は一層強くなる一方、弱い大学はいずれ淘汰されてゆくということである。

実際、東京大学や東京工業大学などの有力大学は、このチャンスを生かすべく様々な新機軸を打ち出している。地方大学も精一杯の努力をしている。しかし人材のストック、資産、資金の大きさから言って、有力大学に太刀打ちするのは難しそうだ。

十分な準備期間もなく、これだけの制度変更を行ったのだから、すべての大学法人は半ば新設大学のようなものである。30代はじめに、新設された筑波大学に採用されたとき、東京大学の有力教授は、新設大学が安定するまでには、最低でも10年はかかるだろうと言っていた。しかし実際には、

20年の歳月が必要だったのである。

混乱のもとは人事と資金配分だった。今回の法人化ではこの部分が自由化されたのだから、予想以上に大きな混乱を招く可能性がある。もし混乱が続けば、研究水準が大幅に低下することは避けられない。

法人化を半年後に控えた2003年秋、大きなニュースが飛びこんできた。ジャーナリズムでは金融工学研究の拠点と目された、東京大学の「先端経済工学研究センター」が、2004年春に親元の先端研に吸収合併されることになった、というニュースである。あれほど期待されたセンターが、たった5年で廃止されるというのである。

先端研の知人によれば、法人化されると、スタッフが3〜4人程度の小規模センターの運営は難しくなると予想されるので、先手を打って合併に踏み切るのだという。しかし私はこのとき、もし先端経済工学研究センターが予定どおりの活動をしていれば、こんなに急に解体されることはなかっただろうと思っていた。実はかねて心配されたとおり、このセンターは経済学部にブロックされて、思うような活動ができなかったのである。

一方、東京工業大学「理財工学研究センター」は、2003年4月の外部評価で大学全体としても珍しいAAA（トリプル・エー）の評価を受けた。白川氏亡き後も、わが国の金融工学の将来を担うエースたちが頑張っていたし、学外の評価や学内の支援体制も十分だった。金融工学を牽引する理財工学研究センターの将来は安泰かに見えた。しかしそれにもかかわらず、2005年3月末日をもって事実上解体されることが決まった。

東京大学の見通しは正しかった。国立大学の独立行政法人化の中で、4人程度のスタッフしかいない弱小組織を運営していくのは容易ではない。各大学に1980年代以降設立されたセンターは、いずれも10年間の時限組織である。10年ごとに成果をチェックし、成績不良となれば廃止される。組織がなくなれば、スタッフはどこかに移らなくてはならない。移る先がなければ解雇される。

研究は水ものである。うまくいくこともあればそうでないときもある。研究者には人それぞれに波があるから、これをカバーしてコンスタントに業績をあげるためには、一定数以上のスタッフを抱えることが必要なのである。

もう1つの問題は、東京工業大学の場合、センター長はセンター専任の教官以外から選ばれるのがルールになっていることである。センターのスタッフが、自分たちだけの論理で勝手なことができないように枠がはめられているのだ。

センター長は外部からやってきて、2年ごとに入れ替わる。ところが、すべてのセンター長がセンター運営に情熱を持っているとは限らない。

つまり中小センターのスタッフは、二重のリスクを負っているのである。いつ廃止されるか分からないこと。そしてセンター運営にあたって、自分たちの意思を通せるとは限らないことである。

私のような停年が迫った人間か、白川氏のような特別な使命感を持っている人でなければ、いずれは、より安定した組織への移籍を考えたくなるものである。

ここに新しい大学院設立構想が浮上する。いま流行の社会人向けの技術管理（ＭＯＴ）大学院である。政府の「知財立国」戦略に後押しされて、ここ数年間の理工系大学は競ってこのような部門を新設している。技術系大学の総本山である東京工業大学としては、この分野に参入しないわけにはいかない。文部科学省もこれを後押ししているが、すべてを新規ポストで賄うことはできない。ここでターゲットになったのが、時限組織で自治権のない「センター」スタッフである。

新設大学院に移籍すれば、ポストは長期的に保障される。なぜなら学生養成を任務とする組織は、学生さえ来てくれれば半永久的に存続が保障されるからだ。

4人のセンター教官の一人がこの提案に応じれば、他の教官もそれを受け入れざるをえない。4人が3人となり、3人が2人となっても頑張れば玉砕だ。移った先の大学院でも、自分の研究・教育ができるというのだから、とりあえずここに移って、次の機会を狙うほうが賢明かもしれない。

こうして「理財工学研究センター」は、２００５年から専任スタッフがいない、名前だけの組織となることが決まった。

もしセンター定員が4人でなく、当初計画していたとおりの8人だったとすれば、法人化の際に全国に先駆けて、研究だけでなく教育も行う「大学院金融工学専攻」として生き残ることができただろう。

理財工学研究センター設立をめぐって陳情に訪れた際、財務省高官は、もし文部科学省が8人の定員を要求してくれれば満額回答を与える、と言ってくれた。日本の金融ビジネスと金融経済学の不甲斐なさを知っている財務省は、理工系大学の金融分野への参入を望んでいたのである。しかし私は、大学内でこのことを口にするわけにはいかなかった。事前に財務省と交渉したことが分かると、文部科学省がヘソを曲げるからである。

大学側の文部科学省への自己規制、文部科学省側の財務省への自己規制によって、8人の要求は4人に減らされた。しかしこの件で最も責任を負うべきは、8人の満額回答を知りながら、自己規制して大学当局への要求を引き下げた私である。

白川氏の早すぎる死とともに、法人化は私にとっては大きな誤算だった。では、われわれの努力は水泡に帰したのだろうか。負け惜しみに聞こえるかもしれないが、私はけっしてそうは思わない。東京工業大学理財工学研究センターは、理工系大学における金融工学研究の先兵としての役割を十分に果たしたからである。

2002年には、「金融工学」が文部科学省の科学研究費社会システム部門の重要部門と認定されたし、2004年には、「金融リスク管理技術」が、これから先25年にわたる29の重点領域の1つに指定された。これらの措置によって研究資金が獲得しやすくなったため、理工系大学の中で金融工学を専門とする研究者が大幅に増え、研究活動が活発になっている。

たとえば日本オペレーションズ・リサーチ（ＯＲ）学会の２００４年度研究発表会では、１５０件の発表のうち25件（つまり6分の1）が、金融工学関連の研究で占められている。数だけで言えば、金融工学専門の学会であるＪＡＦＥＥにおける発表件数とほぼ同数である。

最適化、確率モデル、シミュレーション、決定分析などの専門家にとって、いったん敷居をまたげば、そこには自分たちの技術を適用できる問題がたくさん転がっているから、これからも研究者の参入が続くだろう。スタートから20年を経て、金融工学は「ＯＲ」や「数理工学」の中に定着したのである。

私の知る限り、ある学問分野の消長は、そこに流れ込む人材の質で決まる。良い人材が集まる分野は、良い成果を出し発展するものなのだ。

一部にダレル・ダフィーにあやかって、「金融工学は終わった」という言葉を発する人がいる。しかしわれわれエンジニアから見れば、金融技術革新ははじまったばかりだというのが実感である。実際、２００２年春にフロリダ大学で開催されたシンポジウムでは、約１００人のエンジニアが、ジョルジュ・ゼーゴ教授（ピサ大学）の「１９５０年代から60年代にかけてのマーコビッツ＝シャープ＝ミラーの第1次イノベーション、70年代以来のブラック＝ショールズ＝マートンからハリソン＝クレプス＝プリスカにいたる第2次イノベーションに続く、第3次イノベーションがいまはじまった」という言葉に喝采を送ったのである。

実際第1次、第2次イノベーションの成果を踏まえた金融リスク管理技術は、これからが出番である。元エンジニアである経済学者ダフィーの発言を、20世紀エンジニア流に解釈すれば、（ブラック＝ショールズ以来の）金融経済学は終わったのかもしれない。しかし金融技術革新はまさにこれからなのである。

Column #08

2030年の金融工学

2004年の夏、「未来工学研究所」から電話がかかってきた。今後25年、すなわち2030年までの「金融リスク管理技術」の展望を書いて貰えないかという依頼である。この分野が文部科学省の29の重点領域の1つとして指定され、私が2人の執筆者の1人に選ばれたのだという。

25年先の技術予測!?　私は約40年前に2人の友人と『21世紀の日本』という本を書き、東洋経済新報社から出して頂いたことがある。未来学が大流行していた時代である。

若い（未熟な）エンジニアは、あらゆる知識を動員して予測を行った。しかし今となってみると、当たったものより外れたものの方が多い。原子力（高速増殖炉）、コンピュータ、自動ゴミ取りロボットなどなど。電話に向かって私は答えた。「そういう予測は当たらないんですよね。それに年寄りが、もう生きているとは思えない25年も先の展望を書くのはどうも……」

しかし私はこの仕事を引き受けた。『21世紀の日本』の刊行後、「未来工学研究所」としばらくお付き合いさせて頂いたことがあったためである。それにうまく書けば、この分野に大きな研究費が配分される可能性もある。

私の原稿はそのまま採用され、間もなく印刷されるはずである。金融リスクには、市場リスク、信用リスク、オペレーショナル・リスク、法務リスクなど様々なものがあるが、これから先十分な研究資金が投入されれば、わが国は25年後にこの分野で世界の先端に立っているだろう、というのがその内容である。さてこの作文でどのくらいお金が付くのだろうか。

27▼金融経済学の挑戦

このような状況の中、2004年4月に、2つのビジネス・スクールが誕生した。1つは早稲田大学の「ファイナンス研究科」、もう1つが明治大学の「グローバル・ビジネス研究科」である。またこれから先、いくつもの大学がビジネス・スクールをスタートさせる計画を練っている。

この中で、ファイナンス関係者の特別な注目を集めたのが、早稲田大学である。東京都日本橋の東急百貨店跡地に建設された「COREDO日本橋」の1フロアを借り切り、大物評論家や各大学の有力教授を引き抜くという派手な演出で、業界をアッと言わせた。

森平爽一郎慶應義塾大学教授によれば、米国ビジネス・スクール流のファイナンス教育の日本拠点はここで決まりだという。実際初年度の入学試験では、年間150万円という授業料にもかかわらず、125人の合格者の中から一人の辞退者も出なかったという。堺屋太一、野口悠紀雄、川本裕子氏ら、ずらりと並んだスター教授たちが真剣に教育に取り組めば、優秀な金融ビジネスマンが育つだろう。

しかしエンジニアから見ると、ビジネス・スクールはあくまでビジネス・スクールであって、金融技術教育に多くを期待することはできない。数学やコンピュータ技術のバックグラウンドが無い人たちに、金融技術を教え込むのは容易ではないからである。

１９９０年代半ばに日本を訪れたフィッシャー・ブラック博士は次のように言っていた。この人は当時ゴールドマン・サックス社のパートナーに納まっていたが、「ゴールドマン・サックス社をはじめとする先進的金融機関は、ビジネス・スクールの学生の採用を減らしている。彼らにコンピュータや数学を教えるより、コンピュータ・サイエンスや数理工学のＰｈ．Ｄ．に経済学を教えるほうが、はるかに効率的だからだ」と。

またビジネス・スクールは、基本的には教育機関であって研究機関ではない。実際、米国有力大学のビジネス・スクールの研究者は、理工系学部や経済学部のスタッフを兼ねることによって、研究を行っているのである。つまりビジネス・スクール単独では、研究者を育てることは難しいということである。

そこで金融経済学の研究拠点として手を挙げたのが、東京大学である。２００５年春から、大学院経済学研究科の中にファイナンス専攻を新設し、専門家の育成にあたるという。そのためのスタッフとしては、（早稲田大学のように）国内から人を引く抜くのではなく、米国から優秀な人を呼んでくる方針だという。

弁護士同様、米国にはファイナンス研究者があふれている。だから、お金さえ出せば有力な人がやってくるだろう。法人化されたのだから、その気になれば数千万円の給料を支払うこともできるわけだ。願わくばこれらの人が、お金だけが目当てでない、一流の研究者であって欲しいものである。

東京大学はまた２００６年には、経済学部に金融学科を新設し、金融理論の教育を行うという。このためこの学科では、入学試験の数学のウエイトを高める方針を打ち出している。東京大学が先鞭をつければ、すでに理工系出身者を取り込んでいる京都大学、大阪大学の経済学部もこれに続くだろう。

しかし、東京大学の構想が実現されるかどうかは予断を許さない。まず第1は、学内（特に経済学部内部の）意思統一が可能かどうか不明なことである。第2は、わが国の経済学者は、少なくともこれまでのところ、後継者を育てることにあまり熱心でなかったことである。それは自分たちが育てるより、はるかに〝効率的〟な方法があったからである。

一流大学の経済学部、より具体的に言えば東京大学や一橋大学では、優秀な学生を自分が育てるのではなく、ハーバード大学やスタンフォード大学に送り出し、厳しいトレーニングを受けさせる。そして彼らがPh.D.を取ったところで、自分の大学に連れ戻すのである。

研究者の育成は、とても手間がかかるものである。学部教育を工場での大量生産にたとえるならば、博士課程の教育は、単品生産、職人の世界である。理工系の教官は、何十年も前からそれをいとわずにやってきた。

一方、効率第一主義の経済学者たちは、学生のために割く時間を最小化してきたように見える。その証拠に東京大学のキャンパスでは、一番早く灯りが消えるのは経済学部で、一番遅いのが工学部だというのが定説である。果たして経済学部金融学科の教官たちは、工学部の教官のように教育に力を注いでくれるのだろうか。

28▼走り続ける20世紀エンジニア

東京工業大学を停年退職してから、4年の月日が流れた。そして中央大学に移った後も、私は論文を書き続けてきた。内容はさておき、数だけは年5編のペースを維持している。

論文は量ではなく、質が大切である。たとえばノーベル賞を受賞した経済学者の中でも、ブラックやショールズは、それほど多くの論文は書かなかったし、マーコビッツやシャープにしても同様である。概して経済学者や数学者は、エンジニアほど多くの論文は書かないようだが、そうはいっても、マートンやシュワルツのように、きわめて質の高い論文を大量に発表している人もいる。

私がなるべく多くの論文を書こうと考えた第1の理由は、それがエンジニア集団のカルチャーだからである。経済学と違って、工学はきわめて多様な分野をカバーしている。したがって、エンジニア同士でも、少し専門が違えば、他人の論文の質を判定することは不可能である。

このため工学部という組織では、研究活動を評価する尺度として、その内容に関して一定の評価を受けた論文、すなわちレフェリー付きの雑誌に載った論文の数が使われている。もちろん論文の品質は千差万別である。しかしそんなことは外部の人にはよく分からない。だからまずは数で評価しようというわけである。

このため、論文数が多い人は周囲から一目おかれる一方、少ない人はハンディキャップを負うことになる。また1人あたりの論文数が少ない学科は、多い学科より肩身が狭い思いをすることが多い。

それでも「学科」の場合は、学生を教育するという任務を負っているから、研究成果が少なくてもすぐにつぶされたりはしない。しかし「研究センター」になるとそうはいかない。研究成果＝論文数が少なければ、たちまち廃止に追い込まれる。しかも研究評価は、この10年間日に日に厳しくなっている。

そこでわれわれは、東京工業大学理財工学研究センター設立にあたって、（暗黙のうちに）次のような分業体制を敷いた。私はセンター全般に関する雑務と外部への宣伝、そして論文書きを請け負う。一方白川浩氏は、世間をアッと言わせるプロジェクトを立ちあげる。そして、センターのスタッフ4人が年に1回、全体で年4回のシンポジウムを実施して世間にアピールする、というプランである。

この結果、私はそれまでのノルマを上方に修正した。センター長在職中は、レフェリー付き論文を少なくとも年に5本、それ以外にもなるべく多くの本や報告書を書くというノルマである。そして私は2年間で、12編のレフェリー付きジャーナル論文、12編のレポート、それに2冊の単行本を出版した。これに白川氏と私が手がけた2つのプロジェクト、白川氏らが申請した特許とくれば、少なくとも最初の5年程度は、外部評価にやってくる人の目眩しになるだろうというわけである。

できるだけたくさんの論文を書こうと考えた第2の理由は、かねて「品質は量についてくる」と信じていたからである。工学部では古くから、「拙速を重んじよ、質はあとからついてくる」という格言がある。結果が出たら、それをすぐ報告書にまとめる。完璧を目指すと時間がかかるので、あるところまで行ったら、レポートにまとめて専門誌に投稿するのである。

投稿したものが、そのまま合格になることは滅多にない。レフェリーからいろいろ修正を求められるから、細かいミスはそのとき修正すればよいのである。うまくすると、レフェリーが著者より細かく内容をチェックしてくれる。大筋が間違っていなければ、細部の修正はこのアドバイスをもとにやったほうが効率的である。こうすれば、合法的に他人の時間を拝借することができるという次第である。

質は量のあとからついてくる、というのは作家の場合にもあてはまるという。たとえばデュマ、ユゴー、バルザックは驚くほど多作である。なかには凡作もあるが、たくさん書くなかには素晴らしいものが含まれているのである（ブロンテ姉妹のような例外はあるが）。ボクシングの場合もそうである。いきなりアッパーカットを出しても、相手をノックアウトできることは少ない。ノックアウトするには、小さなジャブをたくさん出すことが必要なのである。

たくさんの論文を書けば、その中にいいものが含まれている可能性が高くなる。それに論文の真の価値は、案外本人には分からないのである。たとえば私が書いた論文の中にも、自信を持っていたものが評判にならず、片手間で書いたものが多くの人から引用（レファー）されている場合もある。

論文をたくさん書こうと思った第3の、そしてもっと切実な理由は、自分の周囲にきわめて多作な先輩やライバルが何人もいたためである。私より8歳年上の伊理正夫教授は、60歳で東京大学を停年になるとき、自らの論文数をグラフにして、総数４００編という凄まじい数字を示したうえで、「こんなふうに量で業績を評価するのは愚かなことですが、それを愚かだと言えるためには、やはり量産しなくてはならないのです」といって、居並ぶ後輩たちにショックを与えた。

私の友人（広い意味で）の中には、伊理教授を上回るテキサス大学のアンドリュー・ウィンストン（６６０編）を筆頭に、フロリダ大学のパノス・パルダロス、京都大学の茨木俊秀氏、そして東京工業大学の同僚である小島政和氏という猛者《もさ》がいる。

茨木氏は、私と同じ１９４０年生まれで、30代はじめから組合せ最適化の分野で数々のすぐれた業績をあげた、日本を代表する研究者である。一方の小島氏は、私より6歳年下であるが、これまた70年代に不動点計画法の分野で世界的業績をあげたあと、80年代半ば以降内点法の分野でも、世界の強豪が出場するウィンブルドンのセンター・コートで活躍したスーパースターである。

私はこれらの人が、若くしてスターダムに乗ったのを羨望の眼で見ていた。この2人は茨木軍団、小島軍団を率いて、次々と先駆的成果を生み出していた。一方の私はと言えば、スタート時点では注目されたものの、ある難問との戦いで時間を空費しているうちに、この2人から決定的な差をつけられてしまった。その差の大きさは、当の自分が最も良く知っていた。

一筋の光がさしたのは1988年のことである。すでに48歳という、研究者としてはピークを過ぎかけていたこの年、私は2つの鉱脈をほぼ同時に見つけたのである。

それからあとの15年間、20世紀エンジニアは学生諸君の協力の下で、合計75編のレフェリー付き論文と11冊の本を書いた。1年平均で論文5編と著書1冊のペースである。そして私はついに、数のうえでは小島氏を上回るまでになった。

そして21世紀を迎えるころ、かねての目標だった100編の大台に乗せることに成功した。15年前にはけっして実現できないと思っていた数字である。しかしこのとき私は、「達成感」を覚えることはなかった。世界水準で見れば、100編という数字は1つの通過点に過ぎないからである。

しかし、これから先論文を書くことに、どれだけの意味があるのだろうか。MADモデルで掘り当てた鉱脈はほとんど掘りつくし、大きなダイヤモンドを探し当てる可能性は小さくなった。空になった鉱脈を掘り続けるのは空しいことである。しかし、新しい鉱脈を探すには年を取りすぎている。こんなときに目にしたのが、ポール・マッカートニーに対するテレビのインタビュー番組である。

ポール・マッカートニーは、ビートルズのメンバーとして、数々の名曲を生んだ天才である。多くのスターたちが引退していくなかで、60歳を超えてもなお新しい歌を作り歌い続けている、われらが世代のスーパースターである。

「あなたがこれまでに作った歌の中で、最もすぐれた歌は何ですか」という質問に対して、躊躇なく「Yesterday」と答えたあと、いい歌の条件はと聞かれて、「まず第1に美しいメロディー。それと美しい歌詞の組合せとして生まれる」と述べ、「次の名曲はいつできるでしょうか」という愚問に対しては、「Yesterday」と鮮やかにかわして見せたのである。

もし自信家のチャップリンであれば、ここで「Tomorrow」と答えたにちがいない。しかしポールは、年を取ったいま、あのような名曲を作ることはできないことを知っていた。しかし、たとえ昨日作った「Yesterday」にはかなわなくても、自分はこれから先も歌を作り続けると言い切ったのである。何という爽やかさであろうか。

研究者の場合で言えば、「いい論文は、まず第一に美しいテーマ。これに美しい分析を組み合わせることによって生まれる」ということになるだろう。美しいテーマにめぐり合うのは偶然である。

しかし美しいテーマを美しいと直観するためには、毎日感覚を研ぎすましておくことが必要である。そしてこのテーマに自分の蓄えた能力をすべて投入して、美しい結果を導くのである。

ポールの「Yesterday」にはかなわないが、この言葉で思い出すのは、カーペンターズの「Only Yesterday」である。これぞカーペンターズの最高傑作にして、私にとっての青春の歌である。

この歌が流行していたのは、酷寒の地ウィスコンシン大学にいたときだった。研究者として駆け出しだった時代、得意の絶頂から絶望のドン底に蹴落とされた私は、いつかやってくる明日をこの歌に託した。

Only yesterday when I was sad and I was lonely.
You showed me the way to leave the past and
all the tears behind me.
Tomorrow may be even brighter than today
since I threw my sadness away only yesterday. †

明日はなかなか訪れなかった。そして、15年後の１９８８年夏に突然やってきた朝以来、私は17年間走り続けてきた。

21世紀を迎えてすでに4年以上の時間が過ぎた。20世紀エンジニアは、あと何年走り続けられるだろうか。しかし私もポールと同様、これから先もその日その日を走り続けるしかないのである。

†
ONLY YESTERDAY
Words & Music by Richard Carpenter & John Bettis

は存在しなかった。

ところが2004年11月に、Googleがネット上でこの分野の研究者ごとの論文の引用回数を公表するようになった（http://scholar.google.com）。たとえば私の場合で言えば、1991年の『*Management Science*』に載ったMAD論文（編集長に直訴して出してもらったもの）の引用回数が119回、次が『*Journal of Global Optimazation*』誌に掲載された論文の32回、それ以外の約40編が5回から30回程度、そして残りの60編は検索に引っかからなかった。おそらく10年以上前の論文の多くは、電子化されていないためだろう。

MAD論文は生まれてまだ13年にしかならないので、引用回数はこれからも増えるだろうが、果たしてどこまでいくだろうか。ちなみに、ノーベル賞をもらった52年のマーコビッツ論文は1,024回、ノーベル賞候補と言われる79年のハリソン-クレプス論文は633回、81年のハリソン=プリスカ論文は534回となっている。

ジョージ・オーウェルは、1949年に書いた小説『1984年』の中で、人々がすべてのデータをビッグ・ブラザーに握られる未来社会を描いた。この予言は84年には実現しなかった。しかしそれから20年を経て、われわれ研究者が、すべてのデータをGoogleに握られる時代がやってきたのである。まことに恐ろしい世の中になったものである。

Column #09

研究者の格付け

論文の価値を判定する指標として、各専門誌のインパクト・ファクター（重要度を表す数値）が公表されている。2000年時点で最も点数の高いのが、『*Nature*』誌の25.8、次が『*Science*』誌の23.9である。自然科学の分野の研究者の間では、これの雑誌に論文を載せることが名声を得る重要な手段と考えられている。

一方、数理科学や情報科学分野では、これほど突出したジャーナルはない。これは専門分野が細分化されていることの表れである。具体的には、『*SIAM Journal of Optimization*』誌の2.0がトップで、『*Management Science*』誌、『*Operations Research*』誌が1.0、『*Mathematical Finance*』誌が0.9程度である。一流誌は0.6から1.0の範囲にある。掲載論文の中身は様々であるが、これらの有力ジャーナルに掲載されたものは、平均的にそれだけのインパクトを持っているというのである。

このようなランク付けシステムの中で、日本語ジャーナルの点数は不当に低い。日本語を読める人が少ないから仕方がない部分もあるが、それにしても低すぎるというのが私の印象である。ちなみに私がこれまで発表した120編の英文論文の総得点は70点弱である（『*Nature*』誌掲載論文3本分にもならない）。

一方、個々の論文の重要度を測る指標としては、サイテーション（引用回数）・インデックスがある。より多くの人が引用した文献ほど重要な内容を含んでいるだろうというわけである。サイテーション・インデックスは、物理学、化学、生物学などの分野ではかなり以前から公表されていたが、幸か不幸か数理科学（経済学、OR、制御工学）や情報科学の分野には、このようなもの

【参考文献】

［1］大野克人『金融技術革新いまだ成らず』きんざい、2004年。

［2］刈屋武昭『金融工学とは何か：リスクから考える』岩波新書、2000年。

［3］木島正明『ファイナンス工学　第Ⅰ部』日科技連出版社、1994年。

［4］木島正明『ファイナンス工学　第Ⅱ部』日科技連出版社、1995年。

［5］今野浩『線形計画法』日科技連出版社、1987年。

［6］今野浩『カーマーカー特許とソフトウェア』中公新書、1995年。

［7］今野浩『理財工学Ⅰ：平均・分散モデルとその拡張』日科技連出版社、1995年。

［8］今野浩『理財工学Ⅱ：数理計画法による資産運用最適化』日科技連出版社、1998年。

［9］今野浩『金融工学の挑戦』中公新書、2000年。

［10］斎藤精一郎・今野浩『大学教授の株ゲーム』日経ビジネス人文庫、2002年。

［11］野口悠紀雄『「超」整理法』中公新書、1993年。

［12］野口悠紀雄『「超」勉強法』講談社、1995年。

［13］野口悠紀雄『金融工学　こんなに面白い』文春新書、2000年。

［14］前田文彬『金融工学の救世主』日本評論社、2000年。

［15］三浦良造『モダン・ポートフォリオの基礎』同文舘出版、1989年。

［16］吉本佳生『金融工学の悪魔』日本評論社、1999年。

[17] Dothan, M., *Prices in Financial Markets*, Oxford University Press, 1990.

[18] Duffie, D., *Dynamic Asset Pricing Theory*, Princeton University Press,(2nd ed.), 1996（山崎昭他訳『資産価格の理論』創文社、１９９８年)。

[19] Elton, E. J., Gruber, M. J., Brown, S. J. and Goetzman, W. N., *Modern Portfolio Theory and Investment Analysis*,(6th ed.), John Wiley & Sons, 2003.

[20] Homer, S. and Leibowitz, M. L., *Inside the Yield Book*, Prentice-Hall, 1972.

[21] Ingersoll, J. E., *Theory of Financial Decision Making*, Rowman & Littelefield, 1987.

[22] Jarrow, R., *Finance Theory*, Prentice-Hall, 1988.

[23] Karatzas, I. and Schreve, S., *Brownian Motion and Stochastic Calculus*, Springer-Verlag, 1991.

[24] Konno, H., Luenberger, D. and Mulvey, J.(eds.), *Financial Engineering*(Annals of Operations Research, 45), 1993.

[25] Konno, H. and Shirakawa, H., "Equilibrium Relations in a Capital Asset Market : A Mean-Absolute Deviation Approach," *Financial Engineering and Japanese Markets*, 1, 1994, 21-35.

[26] Konno, H. and Shirakawa, H., "Existence of a Nonnegative Equilibrium Price Vector in the Mean-Variance Capital Market," *Mathematical Finance*, 5, 1995, 223-246.

[27] Konno, H. and Yamazaki, H., "Mean-Absolute Deviation Portfolio Optimization Model and Its Applications to Tokyo Stock Market," *Management Science*, 37, 1991, 519-531.

[28] Luenberger, D. G., *Optimization by Vector Space Methods*, John Wiley & Sons, 1969.

[29] Luenberger, D. G., *Introduction to Linear and Nonlinear Programming*, (2nd ed.), Addison-Wesley, 1984.

[30] Luenberger, D. G., *Investment Science*, Oxford University Press, 1998（今野浩・鈴木賢一・枇々木規雄訳『金融工学入門』日本経済新聞社、２００２年）。

[31] Markowitz, H., *Portfolio Selection : Efficient Diversification of Investments*, John Wiley & Sons, 1959.

あとがき

1940年に生まれた筆者は、スプートニク・ショック後の理工系ブームの中で理工系大学に進み、エンジニアとして40年を過ごした。本書に書いたのは、その後半の20年間、金融工学という分野に参入したエンジニアが、仲間たちと共に、

日本の富を自国に還流させようとする米国
〝金融工学はたんなる計算〟と批判する経済学者
〝金融工学は学問か〟と揶揄する純正エンジニア
金融工学に理解を示さない金融ビジネスのリーダーたち

と戦いながら、エンジニア・スタンダードでこの分野を切り拓いていく過程を、クロノロジカルに記したものである。

エンジニアは、概して自分のことを語らないものである。そんなことをするのははしたないし、そもそも忙しすぎて文章など書いている暇がないからである。にもかかわらず、この本を書こうと思った理由は次の2つである。

本文でも書いたとおり、2000年に私は『金融工学の挑戦』という新書を出した。その最後の章で、わが国における金融工学の歴史を手短に紹介した。幸いこの本はかなり多くの人に読まれた。そして読者から、もっと〝生々しい〟話を聞いてみたいという希望が寄せられた。

その期待に応えようと思ったのは、2年前のことである。ちょうどそのころ私は、養老孟司氏のエッセイで、「20世紀後半の日本を支えたエンジニアの記録がもっとあってよいはずだ」という文章を目にした。そして思った。「そのとおりだ。経済学者が無視しようが、法律家が嘲笑しようが、経営者の理解が乏しかろうが、エンジニアはもう少し発言し、人々に自分たちのことを知ってもらう必要があるのではないか」と。

この物語を書き終わったのは、1年ほど前である。しかし、エンジニアの物語など出してくれるところはあるのだろうか？　半年が無為に過ぎていった。そして幸いなことに、東洋経済新報社の村瀬裕己氏に〝拾って〟頂いたという次第である。

本書を書く過程では、多くの人のお力添えを頂いた。原稿を読んで、エンジニアでもないのに〝面白い〟と絶賛し、激励してくださったフリー・ジャーナリストの大川眞知子氏、本文の入力に神経をすり減らした秘書の岩崎美智子氏には、特別のお礼を申し上げなくてはならない。
また20年の冒険を共にした金融エンジニアたちにも、感謝を捧げたい。特に盟友である刈屋武昭、森平爽一郎、木島正明氏、そして今は亡き白川浩氏には、特別な御厚誼を賜ったことに厚く御礼申し上げる次第である。

2005年5月

今野　浩

著者紹介

1940年生まれ.
東京大学大学院数物系研究科応用物理学専攻修士課程修了，スタンフォード大学大学院オペレーションズ・リサーチ学科修了．東京工業大学大学院社会理工学研究科経営工学専攻教授，同理財工学研究センター長などを経て，現在，中央大学理工学部経営システム工学科教授．日本オペレーションズ・リサーチ（OR）学会会長，Ph. D.，工学博士.
主要著作に，『理財工学（I・II）』（日科技連出版社，1995/1998年），『金融工学の挑戦』（中公新書，2000年），『大学教授の株ゲーム』（共著，日経ビジネス人文庫，2002年），など多数.

金融工学20年

2005年 7 月21日　発行

著　者　今野《こんの》　浩《ひろし》
発行者　高橋　宏

発行所　〒103-8345
東京都中央区日本橋本石町1-2-1　東洋経済新報社
電話　編集03(3246)5661・販売03(3246)5467　振替00130-5-6518
印刷・製本　東洋経済印刷

Printed in Japan　ISBN 4-492-67021-1　http://www.toyokeizai.co.jp/